Alubomulle Sumanasara

アルボムッレ・スマナサーラ

原訳「スッタ・ニパータ」

蛇の章

佼成出版社

はじめに

ブッダの教えの「公式集」

『スッタ・ニパータ』は、初期経典が結集《けつじゅう》される前、サーリプッタ尊者など偉大なる阿羅《あら》漢《かん》たちが活躍されていたときから知られていた経典です。もちろん、きちんと編集されたのはブッダが般涅槃《はつねはん》に入られてからですが、ブッダが直々に説法をなさっていた頃から伝えられていた詩集なのです。そのゆえに、古い経典として大変重んじられています。

スッタ（sutta）は「糸」という意味ですが、それよりも英語のフォーミュラ（formula）という言葉の意味がふさわしいかもしれません。フォーミュラは数学でいえば「式」という意味です。哲学や文法を語る場合も、まず「式」を作ってから語ることは、インドではよくあるやり方なのです。

この場合、「式」といっても、それは一つの文章です。その文章の中に、言いたいことが全部入っているのですが、ただそれを読んだだけでは理解できません。

そこで、色々な先生たちが、この「式」をどのように理解すればよいかと、長い文章でずっと解釈したりするのです。「式」が先にあって、その「式」について論文を書くという順番なのです。現代風にいえば、論文には一行で書ける結論があるとします。しかし、一行で結論だけを書いても、誰も認めてはくれません。そこで、証拠となる情報を挙げながら論証して「ゆえに、こういうことですよ」と最終的な結論までもっていくわけです。哲学的に解釈すれば、スッタとは「結論」のまとめのようなものなのです。

仏教を語るときの禁じ手

パーニニというインドの大学者が、紀元前五～六世紀に編纂《へんさん》したサンスクリット語の文法テキストがあります。そのテキストもすべて「式」でできています。式といっても文章があるだけで、サンスクリット語の様々な言葉の使い方について、「このように使う」と一行書いてあるのです。その行には番号が付けてあって、サンスクリット文法を学ぶ人は、「パーニニの一〇三番」という具合に暗記しておくのです。

パーニニ文法でサンスクリット語を勉強するインド人は、その式を全部暗記します。いったん式を暗記して解釈を聞けば、文法知識はもうぴったりで、まったく間違わない。なんの疑いも迷いもなく、書いたり理解したりすることができます。

サンスクリット語だけではなく、パーリ語にもパーニニ文法のような文法式のテキストがあるのですが、それらもだいたい暗記してしまいます。式を暗記すれば、文法はもう絶対に間違わないのです。

哲学などを学ぶ場合も、その先生がおっしゃったことを間違いなくその通り理解したいと思うならば、「式」の形で書かれた文章をまるごと覚えておくことです。

ブッダの教えは、すべてスッタといわれています。ですから、そのまま暗記するしか方法がないのです。式を暗記しておけば、ブッダがおっしゃったことを間違わずに理解できます。

ブッダの教えた「式」を暗記せずに、「教えの意味」だけを覚えておくと、自分の主観に沿って思考がずれていって、確実に間違ってしまいます。ブッダの真理の教えから脱線してしまうのです。ですから、テーラワーダ仏教では、「ブッダの教えの意味だけを理解して説法してはなりません。いい加減になります」と、戒めているのです。

経典の意味だけを覚えておいて、さらに自分がその意味を他人に説明すると、ブッダの意見ではなくて「自分の意見」を伝えたことになります。その弟子がまた次の世代に伝えるときは、師匠の意見と変わった自分の意見を伝えることになってしまう。この調子でいけば、三世代も経つと、元の教えの形さえも見えなくなるのです。

次の時代に伝えて欲しいのは、自分の意見ではなくて、完全な、ブッダの元の教えです。ですから、仏教徒として、「私は、仏教はこうであるべきだと思いますよ」などと言うこと自体が邪見《じゃけん》であって、絶対にやってはいけないことです。完全たる悟りを開いたブッダが、悟りの智慧《ちえ》で語った教えを、我々弟子たちに変えたり編集したりすることは決してできないと思います。ですから、ブッダの教えはこうであるべき、と思うこと自体が、ブッダの教えを冒涜する邪見になるのです。

私たちは「ブッダはこのように説かれました」という立場で語るべきなのです。次に、「私はこの教えをこのように理解しています」と、聞く人々に解釈を説くのはかまいません。その解釈がたとえ正しくないものであっても、聞く人の頭に入るものは一回しか汚れていないのです。本人は元の教えも知っているので、より正確な解説を求めることもできます。仏教を語ろうとする場合は、たとえ語っている人の主観で汚れてしまったとしても、その汚れは一回だけで済むようにと、深く注意しているのです。

そういうわけで、説法をするときは、いつでも先にブッダの言葉をテーマとして、タイトルとして紹介します。次にその意味も教えてあげる。解釈する場合は、この言葉に沿っていねいに解釈するのです。聞く相手が理解しない場合、様々な譬えを用いますが、テーマから脱線することはしません。テーラワーダ仏教の出家者は必ず、説法するときのしつけを受けなくてはならないのです。経典についての解釈は、現代の聞いている人々の理解の範囲で、その社会の中で理解できるように工夫します。

ブッダの言葉は「式」の形式がたくさんあるので、解釈なしでは聞く側が教えを理解できません。ですから聞く側は、解釈を通じて理解するのです。

『スッタ・ニパータ』の意味

経典の中でも、テキスト自体にスッタ（経）という名前を付けているのは、『スッタ・ニパータ』だけです。例えば『長部経典《ちょうぶきょうてん》』＝ディーガ・ニカーヤ（Dīghanikāya）や『中部《ちゅうぶ》経典』＝マッジマ・ニカーヤ（Majjhimanikāya）に収録された経典の最後に、スッタンタ（suttanta）、スッタと付けて『何々経』と呼ぶことはあります。

でも、それらの経典を読んでみると、聞く相手に対して自然に語りかけるようなスタイルで、読者には「式」を羅列しているとは感じられないのです。ほとんどスッタ（式）という言葉さえも使わないのです。ですから解釈に頼らなくても、読む人にはある程度理解できるような語り方になっています。しかし、ブッダは九つのスタイル*で説法をされるのです。その一番目がスッタ形式です。しかし、経典がどのような形式で語られているのか、読者は気付きません。自然に自分に対して直々に語られているような気分になってしまいます。それはブッダが、人類の中で最高な師匠であったがゆえの能力なのです。

『スッタ・ニパータ』のニパータ（nipāta）という意味は、ちょっとわかり難くて、ブッダゴーサ長老も色々定義はしています。「集まり」という意味でもだいたいよいでしょう。ですから「スッタの集」、「選集」のようなものと理解して下さい。スッタという「ブッダの教えの式」の選集だったので、昔から大切に記憶されてきたのです。

『スッタ・ニパータ』のテキストは、一つひとつの偈《げ》について、終わりまで番号を振っています。引用する場合、「スッタ・ニパータの十五」と言えば十五番目の偈のことです。

それは学者の中で公式的に認めている数字で、遠い昔、パーリ聖典がローマ字表記で印刷される以前から、番号が付いていたのです。

経典を集成するときは、十個の経を一つのワッガ（vagga）という章にまとめています。ワッガとは、単純に「十経の集まり」という意味で、現代の「章」の意味よりは、「群」という意味がふさわしいのでしょう。『スッタ・ニパータ』の場合は、結集が行なわれる前からほぼ集成されていたので、ワッガに入る経典の数はバラバラです。『スッタ・ニパ

＊スッタン（suttaṃ）＝式のスタイル。ゲッヤン（geyyaṃ）＝散文で語られて詩でまとめる、または詩で語られた内容を散文で説明するスタイル。ヴェッヤーカラナン（veyyākaraṇaṃ）＝問答のスタイルで理論を説明する説法。ガータン（gāthaṃ）＝詩で語るスタイル。ウダーナン（udānaṃ）＝感興の言葉、苦しみを乗り越えられたことを情緒豊かに語るスタイル。イティヴッタカン（itivuttakaṃ）＝伝説を語るスタイル。過去の物事を取り上げて説法するときのスタイル。ジャータカン（jātakaṃ）＝ブッダの前生物語。アッブタダンマン（abbhutadhammaṃ）＝人間の常識で理解できない稀有な話。しかし、作り話ではありません。ヴェーダッラン（vedallaṃ）＝理解によって歓喜をもたらす説法のスタイル。一つの経典の中に、説法スタイルはいくつか入っているのです。ですから、この九つの説法スタイルに現存する経典を分類することは不可能です。パーリ経典に注釈を書かれたブッダゴーサ長老が、経典を九つの説法スタイルに分類しようとしたのですが、うまくいかなかったようです。

ータ』の最初に出てくるウラガワッガ（UragaVagga）のウラガは「蛇《へび》」のこと。これから読むのは、「蛇の章（群）」に収められた第一の経典であるウラガスッタ「蛇の経典」なのです。

【目次】

装幀・久保和正
本文レイアウト・鰹谷英利
編集協力・森 章博
木岡治美

I

怒りという猛毒を瞬時に消す

（第一偈）

体に入った蛇の毒をすぐに薬で消すように、

生まれた怒りを速やかに制する修行者は、

蛇が脱皮するように、

この世とかの世とをともに捨て去る。

ヨー　ウッパティタン　ヴィネーティ　コーダン
Yo uppatitaṃ vineti kodhaṃ

ヴィサタン　サッパヴィサン　ワ　オーサデーヒ
visataṃ sappavisaṃ va osadhehi,

ソー　ビック　ジャハーティ　オーラパーラン
so bhikkhu jahāti orapāraṃ

ウラゴー　ジンナミワ　タチャン　プラーナン
urago jiṇṇamiva tacaṃ purāṇaṃ.

この偈は経典の中でも最も古い形を残しているため、現代の声明《しょうみょう》では少々唱え難くなっています。同じく『スッタ・ニパータ』に収録されている『慈経《じきょう》』（Metta suttaṃ）も同じで、古い経典では偈の一行目が短くて二行目が長い、という決まりになっています。そのため、一般的なパーリ語の声明の節に合わせるのが難しいのです。

この「蛇」の経典では、ずっと蛇の脱皮を譬《たと》えに使っています。蛇という単語には、「毒」という意味も入ってきますが、蛇の特色といえば「脱皮」という生態です。蛇はデパートに行って服など買わなくとも、古くなったら捨てればいいのです。だから他の動物と比べると、蛇はいつでも体がきれいです。あれほど体がきれいな動物は他にいないと思います。他の動物は臭くて、体が汚くて、ノミやらいっぱいいて大変でしょう。蛇の皮膚はビニール製のようなものですから、体には虫も何も付いていません。蛇の皮が古くなると色が変わってきます。すると、蛇は皮ごと全部捨ててしまう。細い枝の間などに体を入れて進むと、古い皮だけが引っかかり、脱皮してきれいになった蛇だけが出て行ってしまうのです。

さて、この経典は不思議なことに、最初の偈が一番簡単になっています。他の経典の選集の場合は思考が逆で、一番目の経典は難しくて、それからどんどん簡単になっていく。

『スッタ・ニパータ』「蛇の経典」の場合はそうではなくて、一番目の偈が簡単になっているのです。

ヨー　ウッパティタン　ヴィネーティ　コーダン

〈ヨー〉誰かが
〈ウッパッティタン〉生まれてきた、現われてきた
〈コーダン〉怒りを
〈ヴィネーティ〉コントロールする、なくす

どのようになくすかというと、
ヴィサタン　サッパヴィサン　ワ　オーサデーヒ

〈ヴィサタン〉広がった

〈サッパヴィサン〉蛇の毒
〈サッパ〉蛇
〈オーサデーヒ〉薬（を飲んで）

意味は、「怒りが生まれて、それが広がっていく」ことです。毒が入ったら毒はすぐに体に広がってしまう。そこで、すぐに薬を飲んで毒をなくしてもらうのです。同じように、「怒りが体に入ったら体中に回ってしまうから、怒りをなくして下さい」ということです。

ソー　ビック　ジャハーティ　オーラパーラン

ソー　ビックは「その人は比丘《びく》」であって、修行者です。怒りをそのようにコントロールできる人を、ここでは、比丘、修行者であると呼んでいるのです。修行者といっても、入門したばかりの修行者というよりも、しっかりできた、もう一人前で修行に成功した修行者のことを比丘といっています。そういうニュアンスは、単なる翻訳では抜けてしまうのです。なぜそのように意味を取るかといえば、『スッタ・ニパータ』の注釈書で延々と、他の経典から引用する形で、「このくだりはそのように理解して欲しい」という長い注釈を付けているからです。

〈オーラ〉ここ
〈パーラ〉あそこ

これは「この世」「あの世」という意味で、つまり輪廻《りんね》のことなのです。「この世も、あの世も、捨てるのだ」と。

〈ウラゴー〉蛇は
〈ジンナン〉古くなった
〈タチャン〉皮
〈プラーナン〉古くなった

〈イワ〉～のように
〈ジャハーティ〉捨てる

だから「ボロボロになって古くなった皮のように」という意味です。「脱皮するように」とは書いていませんが、パーリ語で「蛇がボロボロになって古くなった皮のように」といえば、それだけで「脱皮するように」という意味になります。しかし、日本語訳にするときは、いっぱい言葉を入れて補っておかないと理解できないのです。

どれくらい言葉で補ったほうがよいか、ということは大変な問題です。これは譬えだからたいしたことがなくて簡単です。でも、譬えだけではなくて、経典の中身を補わなくてはならない場合も出てくるのです。

怒りで生きる人々

一応、次のような意味です。怒りが生まれたらそれが広がっていきます。体に毒が入ったら毒が体中に広がってしまう。だったら待つ時間もなく、すぐに薬を飲んでその毒を消さなくてはいけないのです。それで自分の命が守られます。そのように、「怒りが生まれたら、瞬時にそれを消しなさい」ということなのです。

それくらいは誰にでもわかります。しかし、問題は、怒りは良くないと思っている人が、この世の中では少ないということです。貪瞋痴《とんじんち》の中で生きているから、「自分が怒っている」ということさえも気が付かないのです。

悩んでいる、苦しんでいる、迷っている、トラブルが多い、大変だとか、色々なことを言いますが、その中にあるのは、もうほとんどが濃縮した「怒り」なのです。

例えば、「自分は明るく生活したいのに、家の中はトラブルばかりでどうしようもない」などと、普通に言ってしまう。そのときにも、あるのは「怒り」なのです。だから人は文句を言いたくなるのです。自分の悩み事などが溜まったりする。誰かに言いたくなる。カウンセリングしてもらいたくなる。そういう人はたくさんいるでしょう。

すべて、「怒り」なのです。

例えば、「欲」がある場合は、誰もカウンセリングを受けません。欲におぼれて、人に相談しようともしないのです。欲も同じく大変な毒で、その毒に汚染されて死んでしまいますが、怒りの場合はあまりにも苦しいから、ときどき色々な話をしたり、問題だと思ったりもするのです。

人間が一般的に、自分には色々なトラブルがある、問題がある、と思ったら、それは九十九%が怒りによるものなのです。金銭トラブル、社会関係のトラブル、精神的なトラブル、そういったトラブルは、ほとんど「怒り」が原因になっています。

心理的なレベルから見ると、これは大変なことなのです。社会の人々を見ても、「まあ問題ないですよ。いつも楽しく明るく幸せに生きていますよ」という人々の数は少ないのです。いつでも忙しくて、びくびくしながら緊張とストレスを溜めこんで生活している人のほうが、そうでない人よりもかなり多くなっているのです。

とどのつまり、「怒り」で生きている人々は、とても数が多いということです。

この経典では、怒りについて具体的な話を用いずに、「式」の形式で短くまとめています。しかし、ブッダの「説法」になると違います。「式」だけではなくて、嫉妬のこと、恨みのこと、憎しみのこと、夫婦ゲンカのことなどを具体的に、簡単にわかりやすくお話しされるのです。こちらの『スッタ・ニパータ』は、厳密に「式」だけを記録しているところなので、「怒りは猛毒である」という、そのひと言で覚えておけば十分です。

蛇の毒について

インド人なら、蛇の譬えにはいつでも実感があります。どこにいてもすぐに蛇を見付けることができるからです。蛇にはたくさんの種類がありますが、蛇の毒についても、大きく分けて二種類あります。一つは血管系の細胞を破壊して出血を起こす出血毒。もう一つは、神経を麻痺《まひ》させる神経毒です。だから蛇に咬まれた場合はその種類を見分けて、適切な薬を注射しなくてはいけないのです。医学の世界では、蛇の解毒のためには静脈注射をするようにといっています。そうすれば、解毒剤がすぐ体に回るからです。体の中に毒が入ると、注射を打つまでのわずかな間でさえも、かなりダメージを受けてしまう。蛇の毒は簡単な代物ではないのです。

蛇は弱い動物ですから、なかなか獲物が捕れません。やっと何か獲物を捕まえられたのに、逃げられたら困りますから、すぐに獲物を咬むのです。咬んだ瞬間に毒が回って、獲物が死んでしまう。だから逃げられません。それでウサギなど比較的大きい獲物でもちゃんと捕まえられるのです。蛇にとって毒は、大変役に立つ「生きるために不可欠な道具」と言えます。

猛毒で知られるインドのキングコブラに咬まれたら、ほぼ即死だと言います。日本にいるハブに咬まれた場合でも、即死することはなくても、すぐに解毒剤を使わないと体の組織が破壊されて後遺症をもたらしてしまう。蛇の毒がもつ威力は大変なものなのです。蛇自身にしても、自分の体に毒が回ったら死ぬでしょう。もし、蛇が犬のように、「ちょっと体がかゆいから、歯で咬んでみようかなあ」などと出来心を起こしたら、そのまま死んでしまいます。幸いにも蛇にはノミはいないので、咬まずに済んでいますが。

そのような知識を前提とすれば、この偈に込められた意味がよくわかってくるのです。蛇の毒はうかつに遊ぶものではありません。体に入ったら、もう死んだものと決めたほうがよいのです。

ブッダは、恐ろしい蛇の毒に譬えられる「怒り」について、こう教えています。

「怒りが生まれたら、生まれた瞬間に消せ」と。

では、どのように消せばよいのか、という方法は、この偈には記してありません。

しかし、そこからが勉強なのです——どうやって怒りを生まれた瞬間にすぐ消せるのか、という勉強です。「早く消せ」と言われただけで、早く消せるのだったら何も問題は起きません。しかし、そう簡単にはいかないでしょう？　怒りが生まれた次の瞬間、「はい、怒りが消えました。怒ってないんだ」と言えるでしょうか？

それは言えませんね。ですから、怒りの生まれる法則や、怒りが生まれたらどうなるかという勉強も、後から付いてくるものなのです。

これは大変な世界です。怒りといっても、嫉妬も怒り、悩みも怒り、ストレスが溜まることも怒りです。それら一切をまとめて「瞬時に消す」ことを勧めているからです。

この偈では次に、それが上手な人のことを詠っています。つまり、修行の完成者のことです。その人には怒りの毒が回らない。「蛇」に咬まれても「毒」が回らないのです。

ブッダは他の経典で、「もし手に傷がないならば、手で毒をつかんで取っても毒が回らない」と、おっしゃっています。蛇の毒にしても、人間が使っている色々な普通の毒にしても、傷のない手で触っても大丈夫なのです。現代では皮膚に触れただけで死んでしまう毒も化学兵器として開発されていますが、もちろん、ブッダの時代にはそんなものは存在しませんでした。自然界に存在する普通の毒であれば「手で触ったから死ぬ」というようなことはないのです。とりわけ、掌はなんでも触れるようにうまくできています。掌にも汗の出る穴などはあるけれど、毒を触っても吸収しないように作られているのです。

そういうことで、この偈を読んだだけで私たちが完全になるということはありません。怒りは蛇の毒のごとし、怒りは猛毒である、と覚えたからといって、怒らないわけではないのです。「もうこれっきりで怒りません」という人であれば、もうなんの問題もなく、軽々と悟れます。ここで言っているのは、それが上手になったら悟れますよ、ということです。「怒りを瞬時に消すこと」ができるならば、それ自体が悟っている証拠なのです。

経験の世界は単純

ところで世の中では、「悟りとはなんですか？」「解脱《げだつ》とはなんですか？」という質問をよく耳にします。思考の働きも、言語の制限も、言葉の使い方も理解していない人々が、そのような質問をするのです。

私たちが知っている単語は、すべて自分の五根《ごこん》（眼耳鼻舌身《げんにびぜっしん》）からの経験です。赤いとか、青いとか、すべて自分が見たものです。一度も見たことがない色に言葉があるでしょうか？　それはありません。同じように、一度も食べたことがない味に言葉があるでしょうか？　それもありません。また、残念なことに人間に見られる色がいくつあるかということも、人間に味わえる味が何種類かということも、実は限られています。塩味、酸味、甘み、苦味など、せいぜい七つくらいしかない。色だったら三原色だけです。それをコンピューターで組み合わせて一万色以上もあるかのようにいわれていますが、本来はただの三原色です。それしか見えていないはずなのです。

ですから、人間の経験の世界はそのようなもので、聞こえる音にしても、どのくらいの周波数で聞こえるかということは、もう全部決まっています。体で感じるものについても、やわらかい、硬い、じめじめする、ひりひりする、など色々な言葉を使って表現をするでしょう。しかし仏教では、「体で感じられるのは、硬さと温度という二つの項目だけ」と言われています。

私たちが経験する世界、私たちの知識の世界は、そのように単純なものなのです。言葉はすべて、その単純な世界を表現するために作られているのです。「日本語の語彙は何十万もあります」などと言っても、結局すべて、本当にわずかな経験に基づいてできあがっている代物なのです。

ですから、「涅槃とはどんな境地か」と言葉で説明をしようとすることさえ、説明しようとあれこれ努力することさえも、間違っているのです。形而上学的《けいじじょう》な説明をするならば、すでに仏教から脱線しています。

涅槃の説明は屁理屈

では、なぜそこまで言ったのでしょうか。この「涅槃」について説明することは、屁理《へり》屈《くつ》になるからです。「涅槃ってなんですか?」と聞かれても、人間には、涅槃を説明できる単語のもち合わせがないのです。

わかりやすく言えば、「人間にある様々な問題は五感で生まれた情報から作られている」ということです。正しく言えば、五根（五感）ではなく、六根《ろっこん》（六感）です。現代的に「第六感」というと、現実的でない、超能力のようなものをイメージしますが、仏教の六感は、現実的な話です。六番目の感覚は「意識」、つまり五感から入る情報を「意」で無作為に合成して、様々な概念を作ることです。五感から情報が入っただけならば、大げさな問題は起こりません。最終的にその情報を意の中で合成すると、複数のトラブルが生まれるのです。ゆえに仏教では、見るもの、聞くものなどを管理するのではなく、自分の心を管理することを教えるのです。

怒りが表われた瞬間で、それを消すことができるとするならば、その人は相当なレベルで心を育てていなければいけません。蛇が古い皮膚を脱皮するように、自分のものでないように、脱皮する。そのように、何かの情報に触れて微妙にでも心に嫌な気持ちが生まれたら、瞬時にそれを捨てる能力が比丘にある、と、この偈に記してあります。それは当然、悟りに達した修行者の能力です。涅槃・解脱とはどういうものかと知りたくなる人が、この譬えで理解すればいいのではないでしょうか。悟りの境地は、言葉で表現できないものであると同時に、具体的な境地でもあることをなんとなく感じられると思います。そういうわけで、この四行の偈の中では「涅槃」という境地まで示しているのだと理解しておきましょう。

まだまだ涅槃を体験してはいない私たちのために、ブッダは、人間が知っている世界から涅槃を説明するのです。私たちが体験・経験しているのは、「怒りは良くないとはわかってはいるが、やめられない。すぐに怒ってしまう」という状態です。つい怒ってしまう。怒ってしまうと、すぐ気持ちが収まらない。それで延々と連鎖反応のように、次から次へと怒りが続いていってしまう状態です。その状態から自由になることが、解脱なのです。

怒りの働きを確認する

怒りと放射能はほとんど同じ働きで、本当によく似ています。ちょっと怒ったら、次から次へと怒りが広がっていってしまうのです。

例えば私がAさんに怒ったとします。そこに自分がかわいいと思っているBさんが来ました。すると、なんの理由もなくBさんに対して怒ってしまう。

Bさんに対して怒ってしまえば、相手のBさんだって怒ります。結局、Bさんにまで怒りをうつしてしまうのです。

そうすると、こちらにいる私がAさんに怒った。そこでは本物の怒りがありますね。実体としての怒りがあります。そこにBさんが来ても、別にBさんに対しては怒る必要がないのです。でも、自分が怒りをもっていると、すぐBさんにもぶつかってしまう。Bさんは理由もなく怒りを投げ付けられたのだから、それを理由にBさんは怒るのです。

そうすると私とBさんの関係でも、また、実体として怒りが表われる。「怒りの関係」が成立してしまうのです。

そこでBさんが、怒りの毒をまた他の誰かにうつすか否かはわかりませんが、次から次へとどこまでも怒りをうつしていくこともできます。

それで、怒り自体が毒でしょうし、毒だとわかってもどうしようもないし、いったん怒りが入ったら自分を破壊してしまいます。大変な苦しみのほうに行ってしまうのです。毒が入ったことと同じことだから、自分を破壊のほうに、苦しみのほうに導いてしまうのです。

だから、それをなんとかできないのか。

そこがポイントなのです。自分の心の使い方次第、心の能力次第なのです。その能力が身に付いているならば、怒りの毒がぶつかって来ても感染しません。全部跳ね返してしまうのです。

別に「怒りの条件を変えた」わけではなくて、普通に生活しているのです。嫌な人々のいるところから離れたり、蚊や虫などに刺されないように防護したりすると、怒りの条件を変えたことになります。しかし、そうやって怒らないで済む環境を作っても、「私には怒りがない」とは言えません。私たちは、なんでも環境のせいにしたいのです。「あの人があんな言葉を使ったのだから怒ったのだ」などと言って、怒りの原因は相手に押し付ける。私たちはもう九十パーセント、怒りで生きているでしょう。怒りが現われやすい条件の中で、これも嫌だ、あれも嫌だ、この人も嫌だ、という感じで、「なんでうまくいかないんだ。希望通りに、計画通りにいかないんだ」という気持ちで生きているのだから、もう怒り漬けです。同じような環境で生きている比丘にも、やはり怒りやすい情報が六根に触れます。しかし、彼は瞬時にその気持ちを脱皮するのです。

他人を変えようとするなかれ

みんなの希望は「条件を変えて欲しい」ということなのです。しかし、これはまるっきり成り立たない屁理屈です。つまり「私が怒らないために世界を変えてくれ」と言うことだからです。みんな「あなたさえそんなことをしなければ、私は怒りません」と、賢そうな顔をして言っています。私たちが希望しているのは「私は変わりたくないが、私以外の世界が私の好み通りに変わって下さい」ということなのです。だから、ブッダは、「世界のことは放っておいて、自分を変えて下さい」と説かれているのです。

例えば、このような話には身に覚えがあると思います。

子供に対して、こんなことを言う母親がいます。「あなたがおとなしくしていたら、お母さんは怒りませんよ」。それは結局「子供のせい」ということです。お母さんを鬼にしないように、お母さんを立派な人間として育てるために、子供が頑張らなくてはいけない、という話なのです。子供はおとなしくして、よく勉強をして、言うことをよく聞いて、まじめに生活しなければいけないのです。お母さんのために——。そうしないとお母さんは怒るのだと。あまりにも無知な話ではないでしょうか。

例えばある商人が、商売がうまくいかなくて、怒っているとします。「私が喜んで楽しく生活するためには、たくさんのお客さんが来てくれて、わがままも言わずに、お店の品物を全部買い尽くしてくれなければ困りますよ。そうすれば、私にはストレスがたまらないし、心配もない。悩まないでいられるし、自分は怒らない立派な人間でいられるのに……」と。そういう身勝手な理屈と同じことです。

世の中の人間は、自分ではなく「世界が変わりなさい」と世界に向かって言ってのけるのです。「キミは自分を変えなさい。そうでなければ、私が怒るんだから」と、自分の外の世界に向かって平気でそう言っているのです、

まるで、神様気分です。雨に「降るな」と、雷に「落ちるな」と、夏に「暑くするな」と言う——「だって、私が怒るんだから」といった具合です。夏はあまりにも暑くて、湿気が多く地獄のように苦しいものですが、それを「ああ、嫌ですねえ、この天気は」と向こうに当たるのです。それほど愚かなことはありません。

ここまで長く書いたのは、怒ること自体、完全な無知な行為だと説明するためです。「怒ること自体が愚か者の行為だ」という理論なのです。そこを理解することで智慧が生まれるのです。もう怒ること自体がバカらしくなります。

そう理解しただけでも、怒りが起こった瞬間に、「これは私の問題だ」とわかるのです。

ですから、「悟ったのだから、夏も春のように涼しくなった」とか、そんなことではな

いのです。世界は「そのまんま」です。怒る条件、今までずっと怒りっぱなしで生きてきた自分の外側の条件は、そのままなのです。でも自分は怒りません。心を変えてしまったのです。今までは完全にバカな考え方をしてきたのに、それを変えて「智慧の人間」になった、ということです。屁理屈は言わない、あり得ないことは希望しないことにするだけです。

それならば、「あり得ない話ではないな」と、いくらか理解できると思います。

これは「あの世」の話でも、極楽浄土《ごくらくじょうど》の話でもありません。極楽に行ったら怒りがなくなる、という話ではないのです。娑婆《しゃば》世界にいる限り怒りがあるというのは、屁理屈であって、娑婆世界で怒る人は極楽へ行っても怒って阿弥陀様《あみださま》でも平気で殴ったりするだろうと思います。そうしたら、極楽から追い出されて地獄に落ちることになりかねません。

怒る人はみな神様気分

怒る場合、私たちは自分自身ではなく他を変えようとしています。私たちは、自分が作った基準に他人も合わせてくれることを期待しているのです。そこで、相手が自分の求める基準に合わせてくれないとわかると、怒りが生まれてしまう。この「怒り」が生まれるシステムをきちんと理解しなければいけません。

この問題は、「自分の作った基準が正しいか、正しくないか」というアプローチでは解決しません。例えば、「子供はよく勉強するべき」という基準を正しいと思っている人が、勉強しない子供に怒るのは当然でしょう。しかし、自分が勝手に基準を作って「その基準が正しい」と思うことは明らかな間違いです。その上、「私がこう決めたから、みなさん、やって下さい」と言う「私」とは、いったい何様でしょうか。人類というか生命というものは、そうやってみな自分が神様気分で生きているのです。神様気分だから幸せかというと逆で、最低に不幸なのです。仏教的な論理で解析してみれば、人間は人間界で楽しく生きるのでなく、あえて「極道《ごくどう》」のような環境を作って生きているのです。

例えば私がゴキブリに対して基準を作ったとして、ゴキブリはなぜそれを守らなくてはいけないのでしょうか。ゴキブリは家に入るなよと、こちらで勝手に基準を作る——人間に聞いたら「それは当然のことです。正しいですよ」とみんな同意するとして、どうしてゴキブリが「その基準」に束縛されなければいけないのでしょうか。

そこには、一方的に正しいと決められた「基準」しか成り立っていません。「子供は勉強するべき」というのは、一般的には正しい基準かもしれない。かといって子供は、徹底的にまじめに勉強しなければいけない、という約束に縛られていないのです。大人がそんな基準を作っていることを、子供たちは知らないのです。

ですから一見正しい基準にしても、例えば「あんたが万引きしたからお母さんは怒っているのよ」というような場合でも、その「怒っている」こと自体が、おかしいのです。私たちは、お互いに誰とも契約を結んでいません。みんな一個一個、生命はそれぞれ平等で独立しているのです。なのに、こちらで勝手に契約書を作るのです。

それなら、契約書は大げさにしたほうがいいと思います。「私は全地球を支配している帝王だ」というふうに。「あなたがたは、私をちゃんと尊敬しなさい」「礼をしなさい」と言ってみて下さい。自分に色々な基準を作る権利があるならば、どんな基準でもいいでしょう。「子供はよく勉強するべきですよ」とか「あの人はこうするべきですよ」とか、なぜちっぽけな基準を作るのでしょうか？　もっと大きなスケールで基準を作ればいいでしょう、せっかく作るならば。

そうするとわかると思います、自分の基準を作ること自体、あまりにもバカバカしいということが。

基準の押し売り

ブッダが、あるバラモン人（神官）におっしゃった譬えがあります。

ある男が、肉も魚も大嫌いなベジタリアンの家に訪ねてきました。男はいきなり、獲ってきた豚を殺してさばくと、その豚の肉塊を、「ほら、これを買え」とベジタリアン氏に押し付けたのです。

ベジタリアン氏は当然、「いえ、別に私は食べたくありませんから」と断ります。

しかし男は、「もう肉をさばいてしまったじゃないか。どうしてくれるんだ。あんたが買わなかったら全部腐って、捨てるはめになるぞ！」と脅して、肉が嫌いな人から無理にお金をふんだくって帰っていきました。とんだ「押し売り野郎」です。

そういうお話をしてから、ブッダはバラモン人にこう問いかけたのです。

「あなたがたバラモン人は『神の口』から生まれたと自称し、他の階級の連中は『足の裏』から生まれたのだから、すべての人はバラモンを尊敬すべきだと強要しています。それって、先の話に出てきた『押し売り野郎』がしていることと何が違うんでしょうか？」と。

この譬えから見ても、ブッダの論理はわかると思います。こちらが勝手に基準を作っても、他人はそんな契約には拘束されないのです。それにも関わらず、私たちは自分の主観で様々な基準を作ります。それは、「こうあるべきだ」「こうあるべきではない」という、人間の心の働きなのです。その基準のかたまりで生きているならば、それは怒りのかたまりで生きていることになります。なぜならば、実際の世界では誰一人として契約で結ばれていないから、自分が作った基準など、他者は守ってくれないからです。

そもそも自分がどんな基準を作ったかなんて、他人にはわからないでしょう。

ときどき別に何も悪いことをしていないのに、人に怒られる場合があります。例えば、初めて日本に来た外国人が、日本人の家にお呼ばれしたとします。玄関から土足で家に上がろうとしたら、突然、怒られてしまった。この外国人は「この人は私を呼んでおいて、なぜ怒るのだろう」と怪訝に思うでしょう。日本では、玄関から家に上がるときは靴を脱ぐ、という基準があるのです。でも、外国の人はその基準を知らない。そんな調子で、私たちは色々と基準を作っても、相手はそれを知らないのです。

私たちはゴキブリに対して基準を作りますが、ゴキブリにとっては関係ないことです。母親が子供に基準を作っても、子供にとっては関係ないことです。子供にしてみれば「そんなの聞いてないもん」で終わり。ただそこに生まれただけのことですから。

そうやって存在の次元で見ると、基準が一つも成り立ちません。とてもわかりやすい論理です。それを理解すれば、怒りは消えてしまうのです。主観が消える、という状況になるのです。主観が消えたら、残るのは客観的な理解だけであって、そうすると心には何も怒りが生まれてこないのです。そういうシステムができた人を、ここでは「比丘」と言います。涅槃・解脱とは、そういうことなのです。

「この世を捨て、あの世も捨て去る」とは？

この一偈だけの説明が、いかに複雑で難しいか、がわかると思います。わずか一つの偈の中で、解脱までちゃんと言葉でもって定義されているのです。怒りをきちんとなくすことができたならば、その人は比丘であって、その人は「この世もあの世も捨てる」のです。蛇が古い皮を捨てるように。

ところで、なぜ「この世」「あの世」を捨てるというのでしょうか？　そこにもポイントがあります。

世の中の一切の宗教は「あの世」のためのものなのです。成仏《じょうぶつ》のため。極楽往生《おうじょう》のため。天界に生まれ変わるため。この世を捨てて、あの世をつかまえるためなのです。「あの世」と言えば、大きなスケールの言葉でしょう。各宗教によって「あの世」の定義は違います。仏教の各宗派でも「あの世」の定義はそれぞれ違うし、ヒンドゥー教の定義もまた違います。しかし、どんな定義であろうが、すべてを二つの言葉で表せば「この世」「あの世」です。

ブッダは「この世もあの世も捨てるのだ」と説かれます。それは「彼岸《ひがん》に行く」のではなくて、「此岸《しがん》も捨てて、彼岸も捨てる」ということです。この二つの言葉で、仏教が他の教えとどれほど違うものか、ということがわかると思います。それは、言葉の違いだけではありません。宗教に興味のない人も、信仰がある人も、この世に対しては強い執着をもっているのです。執着というのは、言い換えれば「価値あるものだ」と評価することです。

これは恐ろしい基準なのです。この世は価値あるものだと勝手に基準を作っている人間は、どれほど自分が不幸に陥《おちい》り、他人も道連れにしていることでしょうか。また一部の人々は、「この世は最高に価値のある世界であるはずなのですが、よくよく調べてみると苦しみにあふれている」となんとなく感じているのです。「それでは、あの世なら完全ではないのか、究極的な幸福にあふれている絶対的な価値のある世界ではないのか」と妄想します。別に、あの世の世界を経験したわけでも、知ったわけでもない。ただ、この世の現実の反対を妄想しただけです。これは幼児でも考えられる理屈です。おもちゃやお菓子をいくらねだっても親がくれなかったら、言っただけで欲しいものをくれる木や壺や水晶玉を簡単に妄想するのです。経験なんかは必要ありません。そういう子供でも誰でもできるようなシンプルな思考能力で、「永遠のあの世」を妄想するのです。だからといって、あの世が確実に存在するという証拠はどこにもない。単純にこの世で失敗したこと、失望した経験の悲鳴に過ぎないのです。

あの世を妄想することも、恐ろしい基準なのです。神の世界、永遠の天国、などの妄想概念にとらわれて、人々は罪を犯したり、世間に迷惑をかけたりします。この世で具体的な何かに執着が起きたとしても、それなりの理由があって執着しているのです。例えば、人々はお金に執着する。お金に価値観を見出す。生きるために、お金を基準にする。お金さえあれば必要なものは手に入ります、という考えでいます。しかし、それは妄想ではないのです。具体的な執着なので、同じ人に、お金があっても、なんでも手に入るわけではないと理解できます。お金のせいで、自分は人間らしい幸福な生き方まで捨てて、鬼になっていることも、お金のせいで様々な罪を犯していることも、理解できる。ですから、お金に対する執着を、その気になれば捨てられるのです。

しかし、現実でもない、実感もしたことがない、あるという証拠もない、単なる妄想概念に執着すると、その執着は断ち難いものになってしまいます。ですから、この世に執着して作る基準よりは、あの世に執着して作る基準のほうが、極まりのない害悪なのです。永遠な天国という概念に笑っただけでも、信仰者は激怒します。しかし怒りを完全になくすためには、勝手な基準を作る愚かさから完全に脱出しなくてはいけないのです。

ここまで「あの世」のことを茶化すと、多くの人は「仏教も輪廻のこと、生まれ変わることを説いているではないか?」とすでに疑問を抱かれていることでしょう。確かにその通りです。しかし、「輪廻に執着するなかれ」と言うための仏教なのです。生命は、生まれは死に、また生まれは死に、というように際限なく苦しみを続けるのです。「あの世はすごい」という話ではありません。執着してはいけない、という趣旨なのです。

この偈の意味は、そのくらいで理解しておけばよいのではないかと思います。この一つの偈の中に、悟り・解脱の定義と、解脱による心の転換はどのようなものかということまでもが入っているのです。

ここまでの話は「解説し過ぎ」ではありません。ブッダが「式」のスタイルで語る場合は、「仏道を完全に語る」という立場です。不完全な形では、ブッダは語らないのです。ですから、ここまで解説しなければ、仏説に基づいて正しく解説したことにはならないのです。

偈の結論は、人類が抱える大変な問題が「怒り」であること、怒りは猛毒として観るべきだということです。

ブッダの詩には読み方がある

この「蛇の経典」では、こうやって一つひとつの偈で、解脱・涅槃という仏教の究極的な境地を詠っています。偈は十七番まであります。日本語訳では軽々しく読むのですが、これらはすべて、仏教の究極的な境地を説明しているのです。また、この十七の偈は一つひとつが独立しています。だから一つの偈、一つの「式」だけ覚えておけば十分です。

一番目から二番目の偈に続く、ということではなくて、全部が独立したスッタ、フォーミュラなのです。涅槃の、解脱の、究極的な境地を説明する「式」です。「式」をたくさん使っているのです。言葉をたくさん使っていますが、「式」だから同じです。これから、他の偈も読んでみましょう。

II

蓮のごとき「欲」を根こそぎにする

（第二偈）

池に生えた蓮華《れんげ》を（根こそぎ）取ってしまうように、

欲を残りなく断ってしまった修行者は、

蛇が脱皮するように、

この世とかの世とをともに捨て去る。

ヨー　ラーガムダッチダー　アセーサン
Yo rāgam udacchidā asesaṃ

ビサプッパン　ワ　サロールハン　ヴィガイハ
bhisapupphaṃ va saroruhaṃ vigayha,

ソー　ビック　ジャハーティ　オーラパーラン
so bhikkhu jahāti orapāraṃ

ウラゴー　ジンナミワ　タチャン　プラーナン
urago jiṇṇamiva tacaṃ purāṇaṃ.

この偈はラーガ「欲」について書かれています。

人間の悩み苦しみが、ほとんど怒りから生まれることを前に説明しました。怒りが少ない人ならば、悩み苦しみも少ないかというと、そうではありません。人間のトラブルは「欲」からも生まれるからです。

誰にでも「良くなりたい」という気持ちがあります。それが欲です。

勉強したいとか、美しくなりたいとか、楽になりたいとか、みんなと仲良くしたいとか、有名になりたいとか、大物になりたいとか、一財産作りたいとか、外車に乗りたいとか、世界旅行をしたいとか……。人それぞれにたくさんの欲望があるでしょう。人の欲望なんかは聞かないほうがいいと思われるほど、無数にあります。

もちろん、なりたいと思っただけで、なれるわけではありません。それには並々ならぬ努力をしなくてはいけない。真剣まじめに努力したからといって、この世では成功に達しない人々がたくさんいます。ですから、手段を選ばず目的にどうしても達したいと思う人は、他人をいじめたり、足を引っ張ったりと、してはいけないこともたくさんするのです。

また、色々とバカなことをしたり、事実をねじ曲げたりもしますね。

例えば政治の世界では、大国になりたい国は、ある国をわざと自国の敵に回してつぶすのです。つぶしたところで自分が力持ちになるのです。わざと敵に仕立てた国に向かって、「なんでそんなことをするのか、○○の正義に反するではないか。絶対に許しません」ともっともらしい大義名分を掲げて攻撃する。わざと相手を敵に回して自分が偉大なる国になるのです。あえて具体的な例は出しませんが、どなたでも思い浮かぶ国があるでしょう。

権力欲が生まれたら「私は世界でモスト・パワフル（most powerful）だ。一番力持ちだ」と言うために、色々なカラクリを作るのです。世界に様々な迷惑をかけて世界を強引に抑え付けて、それで世界一の権力者になったつもりでいる。一番力持ちだという幻覚に陥るだけで、実際は別に力持ちどころか、おびえて生活するはめになるのです。

欲という働きも怒りという働きも、同じように大変な問題を引き起こします。

「蓮の譬え」の謎解き

ヨー　ラーガムダッチダー　アセーサン

ビサプッパン　ワ　サロールハン　ヴィガイハ

ウダッチダーは「根元から取る」の意。根元から「折って取る」、根こそぎ取るということです。

アセーサンは「残りなく」。何かが残ったということではなく、「余すことなく」という意味です。

ビサプッパンは「蓮華」、蓮《はす》の花です。

サロールハンは「池」。

ヴィガイハは「つかまって」「取って」。英語のgrasp（つかむ）という意味と同じです。欲という蓮の花を、また生まれないように取り除きたければ、花だけ折ってもダメなのです。まだ終わりません。水中に根っこがあるから、さらに池の中に入って根元からつかんで全部取り出さなければ、また出てくる可能性があるのです。

譬え話として、蓮の花よりも、もっと役に立たない他の雑草を使ってもよかったかもしれません。が、やはりブッダは理由があって、蓮の花を譬えに使われたのです。水の中に生える他の邪魔な植物——邪魔といっても人間の立場から見た基準です——もあるけれど、やはりよく考えると、蓮の花の譬えがぴったり合うのです。なぜならば、これは「欲」の説明だからです。蓮の花そのものを見ても、「ああ、気持ちが悪い」と思うことはありません。きっと多くの人は「ああ、きれい」と思うはずです。「欲」とは、そういう感情でしょう。

人間は欲が悪いことだとは思わないのです。欲が悪いと思う人間はいません。

例えば、「勉強したいなあ」と思うことも欲です。「それの何が悪いのですか？」ということになるでしょう。「やはり死ぬまで安定して生活して、生きていくために一財産作りたい」という意見に対して、「あんた欲張りですねえ」と言ったらバカにされるだけです。それらは世の中で普通、悪いとは思わないのです。「欲」は、普通の世界では美徳なのです。でも、怒りは美徳ではないのです。怒りの場合はみなカウンセリングを受けてしまう。ですから、ブッダは怒りを蛇の毒に、欲を蓮の花に譬えたのです。

蓮の花と欲の性質を観察する

上野に不忍池《しのばずのいけ》があります。季節になると蓮の花が咲き誇ってきれいなのですが、池の水面は蓮に埋め尽くされてしまいます。放っておくと、あちこちから蓮の葉っぱが出てきて、水がなくなってしまう。水の中には、いっぱい栄養があります。だから結局、雑草のように続々と生えてきて、池を埋め尽くすところまでいって、蓮の花は自滅するのです。

私たちは、咲いている蓮の花を一輪二輪見ただけで、「ああ蓮の花はきれいだ」と思うけれど、試しに放っておいてみて下さい。

普通、私たちが育てる花は、毎日面倒を見なければすぐに死んでしまいます。でも、蓮の花は違うのです。蓮は、放っておけばどんどん生えてくるのです。一本の、ちょっとした細い根でも、みるみる太くなって、あちこちから枝が出て網のように根を張ってしまう。気が付くと、もう大変な状態になるのです「欲」も同じことで、瞬く間に、網のように増えてしまうのです。

私たちに経験があるところから考えてみましょう。例えば家族でマンションに住んでいる人が、一戸建てを購入したいと思ったとします。しかし、簡単には実現できません。大変苦労しなくてはいけないのです。欲が原因で、やはり苦労することになるのです。では希望がかなって、一戸建てを購入できたとしましょう。自分の家なので、これから大事に守ったり管理したりしなくてはいけなくなるのです。玄関の前に少々のスペースがあったら、次に車も買いたくなる。今まで飼えなかった犬も、飼いたくなるのです。それらが一つひとつ、新たな苦しみを引き起こすのです。

網のように欲がどんどん増えたとしても、本人は欲で安らぎを感じることはありません。それでも気付かないのです、欲に操られて散々苦労させられているだけ、ということには。

この世では誰も「欲が悪いことだ」とは思わないのです。しかし、誰も悪いと思わないから、という理由で、欲を無罪にすることはできません。仏教は、「人が思うこと」に賛成するのではなく、事実・真理を教えることが仕事なのです。ですから仏教では、欲を「美しい蓮の花」に譬えているのです。

蓮の根が網のように水の中でどんどん広がって、色々なところで蓮の花を咲かせてしまう。そのような感じで「欲」もたくさん咲くのです。一つでは終わらずに、どこまでも増えてしまいます。

私たちは、欲の楽しい側面しか見ていないのです。でも、どの辺までが楽しいのか、どこから苦しいのかと、しっかり観察はしていないのです。客観的に見ると、蓮の花だけではなくて、花の下には泥があることがわかります。泥の中にはヒルもいるし、人間に害を与える他の生き物もいる。また、蓮の花を取っても、芯には棘があるから、気を付けなくてはいけないのです。

欲はどこから生まれるのか

怒りは「基準」から生まれるということはすでに説明した通りです。

それでは、「欲」はどこから生まれるのでしょうか?

欲は、怒りとは逆の働きなのです。

欲には自分の限界、基準がないと思ったほうがいいのです。欲は眼、耳、鼻、舌、身、意で起こるものです。「ああ、あれはおもしろい。買ってやろう」と、おもしろいものに出会うたびに、買えるかどうか関係なく、買いたくなるのです。味の場合も、おいしいんだから食べてみよう、と思うのです。今日フランス料理を食べたら、次の日には中華料理を食べたくなります。また次の日は和食で、その次の日はイタリアンに――。満足する基準がないようです。

「私は一人の人間です。一人の人間になんでもできるわけではないのです。リミットがあるはずです。ですから、一人の人間に必要なものは、これぐらいです」というように考える人は、ほとんどいません。ですから、欲の感情には基準がないといえるのです。

おいしいものなら食べてみたいと思うと、基準がなくなります。基準がないから、食べ物を見るたびに食べたくなるのです。もし人が肉魚を食べないと決めたとしましょう。それは一つの基準なので、いくらご馳走に見えても、肉魚料理を食べる欲は生まれないのです。しかし、精進料理については、また基準がなくなるのです。

基準がないと、欲はどんどん増えていきます。

欲は体にかかわるもの、見るもの、聞くものに関するものです。私たちは認めたくありません。体にも、もともと基準があります。一人の人間に見られる量も、聞こえる量も、残念ながら決まっています。耳に聞こえる量を早いうちに聞いてしまったら、耳の聴覚能力が低下したり、失われたりするのです。舌の味覚能力も、量が決まっています。いっぺんにたくさんの味を味わうと、舌は何も感じなくなるのです。元の状態に戻るためには、時間がかかります。嗅覚の場合、みなさんにも経験があるでしょう。花の香り、香水の香りなどを最初に嗅ぐと、よく感じますが、繰り返し嗅いでみるとわからなくなるのです。若者は無香料の化粧品が好きですが、年輩の方々が香料を好きな理由はわかりますか。それは嗅覚の能力減退のせいなのです。

私たちの肉体で、感じる感覚にもリミット（限界）があります。スポーツ界を観察すると、よくわかりますが、選手たちが記録を出したいと思っても、そう簡単にはいきません。ドーピングなどをするのも、体力に限界があるからです。限界はこれだけでは終わりません。肺にも空気を交換する能力の限界があります。心臓、消化器、肝臓、腎臓、血管などすべてに、能力の限界があるのです。早いうちに限界に達したら、大変なことになります。

例えば甘いものなど、高カロリーの食べ物が大好きだからといって食べまくると、若いうちに糖尿病にかかってしまいます。インシュリンを作る臓器が、一生分の量を作ってしまったからです。この病気にかかった人は、それからの人生が食べたいものも食べられない、という苦労をしなくてはなりません。悪いことに、そのような人の消化器は、甘いものを消化することに慣れてしまって、糖尿病にふさわしい食べ物はおいしくないと感じさせてしまうのです。そういうわけで、眼耳鼻舌身意に限界があると理解したほうがいいのです。

意の限界は、少々わからないかもしれませんが、「知識の限界」だと思いましょう。勉強すればなんでもできるのだと、私たちは思っていますが、人にはなんでも勉強することはできないのです。知識にも向き不向きがあるのです。それから、限界もあるのです。頭が鋭い人でも、歳を取ると知識能力は衰えます。しかし眼耳鼻舌身の限界に比べれば、知識の限界はけっこう高いものです。仏教は、瞑想《めいそう》などの修行で知識の限界を破ります。心の汚染物質を取り除けば、知る限界を破れるのだと、期待をもってもかまわないのです。

眼耳鼻舌身意の限界を知っておけば、比較的に楽に生きられるのです。食べる、観る、聞く、などの楽しみをある程度で控えて、限界に達しないことにして、やり過ぎないようにして生活すると、病気にかかることも少なく、健康で長生きすることもできるのではないかと思います。

しかし、知識と体力は使うことによって力が付くので、その両方については、怠けないことです。それでもやり過ぎの場合は、知識が壊れて頭がいかれる可能性も、体が壊れて、車いすの人生になる可能性もあるのです。限界を知る理性がある人は、欲の病で不幸に陥らないと思います。

「もっと欲しい」という不治の病

人々は、実は欲にもリミットがある、ということを知らないのです。体力ならいくらあっても欲しい、お金ならいくらあっても欲しい、ご馳走ならなんでも食べたい、といった気持ちが起こるのです。しかしその希望はかないません。体力を育てても、自分の希望のレベルまでは達しないのです。ですから、もっと欲しいと思うのです。仕事をすると、お金が入ります。しかし、自分が欲しがっていた金額よりもはるかに少ないと、もっと欲しいと思うのです。体に関することはなんであろうとも、もっと欲しいという気持ちはなかなかなくなりません。

欲というのは、この「もっと欲しい」という気持ちのことです。この「もっと」というところがおかしいのです。悟りに達するまでは、「欲しい」という気持ちからは脱出できません。ですから体の限界を知ったほうが、無難なのです。仏教を理解して悟りに達すると、「欲しい」はなくなって、「必要・不可欠」に置き換わるのです。悟りに達した人がご飯を食べるのは、「欲しい」からではないのです。ただ単に、「肉体に不可欠だから」という理由です。この際、この差についても理解しておきましょう。

体には限度・基準があるのに、それを忘れて、「もっと欲しい」という欲の気持ちがどんどん膨張してしまう。結果として、本人も早く死んでしまいます。早く苦しみを受けるし、並々ならぬ損害や苦しみを他人にも与えてしまうのです。そこでまた死ぬときも、「もっと欲しい」という不満で悩みながら死ぬのです。

「もっと欲しい」という病は、人間にとっては不治の病になっています。その病気にかかるもう一つの理由があるのです。それも学んでおきましょう。「もっと欲しい」という病が不治の病になっていることを示すために、仏教で使う用語は「渇愛《かつあい》」なのです。

今おいしいものを食べているのに、なぜ、もっとおいしいものを食べたいと思うのでしょうか。なんで今の味で、満足しないのでしょうか。なぜ足りないという感じが生まれるのでしょうか。それは、集中が足りないからです。ろくに味わっていないからです。興奮状態で、食べ物を口の中に放り込むばかりだからです。大きな高級レストランに行ってメニューを見る。読んでもほとんどわからない。写真を見て、結局は判断する。また、レストランの贅沢な環境で心が興奮状態なのです。その上、家で楽しく食べるように、くつろいで食べるわけにもいかないし、格好を付けなくてはいけないのです。心は落ち着かない悼挙状態《じょうこ》なのです。

ですから、ご馳走を食べることは食べたのですが、十分満足できるほど堪能できたとは思えないのです。また、実物の食べ物より、頭の中で妄想概念がいっぱいですから、高級ワインをまずく感じても「まずい」とは言えないのです。「やっぱり高級ワインは違うなぁ」と、ワイン通のような感想を述べなくてはいけないのです。しかし、じっと落ち着いて食べ物をすべて味わって、一回食べたら、けっこう疲れます。これは体の能力の限界に達するからです。舌が限界に達するのです。十分満足できるのです。またこのレストランで食べてみたい、という気持ちではなく、「あと半年経ったらまた行きたくなるでしょう」という気分になるのです。

ですから、俗世間の人々は「欲」が好きなのですが、欲の楽しみ方さえ、わかっていないのです。例えば、楽しいと思って映画を観るでしょう。しかし、決して集中して、できれば一コマごとに厳密に観ようとしないのです。それぐらいの能力もないのです。集中して観ると、けっこう疲れると思います。重労働になる可能性もあります。そうなると、毎週日曜日に映画館へ行く、ということはなくなるのです。ふだん私たちがどのように映画の鑑賞をするのかというと、隣の人としゃべる、ポップコーンかポテトチップスをパリパリ食べる、トイレに行ったり、また戻ったりしながら、観るのです。本当に映画を観たのでしょうか。挙げ句の果てに、楽しかったとも思うのです。それで、来週も、この映画を見ようと、計画まで建てるのです。集中力がなかったから、明確に堪能しなかったから、「もっと欲しい」という欲が生じたわけです。それで、お金の無駄遣いにもなるので、もっと働かなくては、ということにもなってしまう。俗世間の人々は、人生を本当に楽しんでいないのです。その上、仏教は世間の楽しみにケチを付けていると悪口まで言うのです。

サティの実践で「欲」が消える

そういうことで、悼挙状態で本当は音楽も楽しんでいない、食べ物も楽しんでいない、香りも楽しんでいないから「これでは足りない」という気持ちが生まれてきます。

ですから集中力さえあれば「足りない」というその問題は、消えてしまうのです。心の汚れである怒り、欲、無知などを完全になくす方法がブッダによって説かれています。それは心を過去の妄想、未来の夢に走らせず、今の瞬間に集中させることです。仏教用語で

「サティ（sati）」と言います。気付きという意味です。なぜ、このサティを実践すると欲が少なくなるのでしょうか？　それは、サティを実践しながら何かをすると、厳密にその経験を味わうことができるからです。

例えば、修行する場合は、食べるときでもスローモーションで「実況」しながら食べる。すると、嫌になるほど食べ物の味を感じるし、食べると単純に思う行為も、様々な複雑な行為で成り立っているものだと理解することもできる。今までたくさん食べていたけど、ほんの少々食べただけで、満腹感を抱き、自然に食べ過ぎにならなくなる。もっと食べたいという気持ちではなく、早く終わってよかった、という気分にまでなるのです。このテキストで使った、「疲れる」という言葉の意味も、理解できます。あれも食べたい、これも食べたい、もっと食べたい、違うものも食べてみたいなどと、まるでガン細胞のように限りなく広がっていた「欲の病」が消滅するのです。

ですから、この「足らない」「満たされていない」という「渇愛」は、私たちが集中していないから、集中力がないから出てくる問題なのです。集中力を育てて、欲が現われるそのシステムを理解すると、心に「もっと欲しい」という渇愛は徐々に生じなくなって、やがて消えてしまう。それから死ぬまで、精神の病がまったくなく、「欲しい」ということではなく、「不可欠」という気持ちで幸福に生きるのです。

それには心の変化が起こらないといけません。それは怒りの場合と同じです。「欲は大変だ」とわかっても、それだけでやめてしまうことは無理です。どうしても好きになりますからね。この偈は、欲の仕組みを乗り越えることができた、悟りに達した人の境地を語っているのです。

「真理に達した人は、この世もあの世も蛇が脱皮するように捨て去るのです」

III

考えも感情もすべて涸らし尽くす

（第三偈）

暴流《ぼる》を涸《か》らし尽くすように、

渇愛を（根こそぎ）抜いてしまうならば、

その修行者は

蛇が脱皮するように、

この世とかの世とをともに捨て去る。

ヨー　タンハムダッチダー　アセーサン
Yo taṇham udacchidā asesaṃ

サリタン　スィーガサラン　ヴィソーサイトゥワー
saritaṃ sīghasaraṃ visosayitvā,

ソー　ビック　ジャハーティ　オーラパーラン
so bhikkhu jahāti orapāraṃ

ウラゴー　ジンナミワ　タチャンプラーナン
urago jiṇṇamiva tacaṃ purāṇaṃ.

この偈は悟った状態を説明しています。完ぺきに心が清らかになった状態をいっているのです。

ヨー　タンハムダッチダー　アセーサン

「タンハムダッチダー（taṇham udacchidā）」のタンハー（taṇhā）は「渇愛」のことで、「物にとらわれる」ことです。それだけではなく、自分に対してもとらわれていること、「自分の考え方」としてもっている色々なものにとらわれていることも、タンハーなのです。眼で見られるものとか、聞くものとか、触るものとか、そういうものにもとらわれてしまうのです。

人間は、集中力がなく興奮状態（悼挙）で生活しているので、物にとらわれてしまう。実は、眼で物を見たり、耳で音を聞いたりして、心で快楽を感じているのです。この「快楽」がもっと欲しいのです。ですから、物に飛び付いて、とらわれてしまう。自分が心の快楽に依存しているのだ、ということに気付かない。そうやって快楽に依存することが、とらわれの正体なのです。

もう一つ、もっとたちの悪いとらわれがあります。それは、知識に対するとらわれです。自分の知識、考え、主義などに、厳しくとらわれて、盲目的になることです。極論主義者、原理主義者になって、世間のことが見えなくなるのです。知識や主義などに納得することも、厳しいとらわれです。

理解しやすくするために、例えを言います。将棋ができる人は、何時間でも膝を崩さずに将棋をするでしょう。対局中は、お茶一杯も飲む気分にならない。将棋といっても、単なる板きれを動かすだけのことですが、頭の中では大変なドラマが起きている。考えが激しく動いている。それが楽しいのです。ゲームをやる人々も、ゲーム機を握って、親指を動かしているだけです。はたから見れば「なんてバカなことか」と思われるでしょうが、本人の頭の中では、世界戦争が起きた状態。大胆なストーリーが繰り広げられている。それが楽しいのです。だから、ゲームに依存してしまいます。というわけで、知識に対する執着も、たちの悪い執着なのです。

その執着を捨てなくてはならない、ということです。しかし、「執着を捨てる」という言葉は見事に誤解されています。物事を捨てなさい、という意味で理解してしまうのです。財産を捨てる、家族を捨てる、子供を捨てる、おいしく食べることも捨てる、などの意味で理解するのです。このようなことは、仏教では説かれていません。家族を捨てても、家族に対して執着があれば、かえって苦しくなるだけです。頭がおかしくなります。食べたい気持ちがあるのに、あえてまずいものを少量だけ食べたり、断食をしたりすると、かえって精神的にいかれてしまう。心はきれいになるどころか、極限に汚れてしまうのです。仏教が言うのは、「執着を捨てなさい」ということです。

悟った心は、物に執着しないだけではなく、何かの意見にもとらわれることはないのです。何かものを見て、いいものなら、「いいものだ」と感じたり、悪いものなら、「悪いものだ」と感じたりはするかもしれませんが、別に、とらわれないのです。

悪いものを見ると、普通は、「これは悪いものだ」という認識ではなく、「嫌だ」という感情的な認識が起こります。それで心が怒りで汚れてしまう。嫌なものを壊すか、嫌なものから逃げるか、しようとするのです。良いものを見ると「これは良いものだ」という認識ではなく、「欲しい」という欲の感情で認識します。ですから、渇愛（執着）は欲と怒りの原因になるのだと、理解しなくてはいけないのです。

怒りは「欲」から生まれる

例えば、きれいなものを見たいなあ、と思う人に限って、きれいでないものを見ると怒ったりします。「なんでこんなものを見なくちゃいけないんですか」と。

ですから、怒りと欲はセットなのです。

怒りが少なければその分、欲も少ないし、欲が少ない人にとっては怒りも少ない。ですから怒りだけをなくしたいと頑張っていても、それは無理な話です。

法則を知らないから、欲も怒りも生まれるのです。

しょっちゅう怒っている人から「怒るのは嫌です。なんとかならないんですか」と聞かれますが、欲だけ残して怒りだけ取ることはできません。

普通の世の中で考えるように、「怒りは都合が悪いけれど、欲のように気持ちがいいものは好《よ》いから残しておこう」というふうな甘い話ではないのです。

もともとは、快楽の対象が欲しいからこそ、しょっちゅう怒ったりするのです。だから怒りっぽい人は、かなり欲張りです。

世界では人格の差が見えます。いつでも楽しげにしていて、まったく怒らない性格の人もいるでしょう。その人には、怒りがないと決めてはならないのです。そういう人々は、楽しみを重点にして、尺度にして、生きているのです。怒ることは破壊的な性格ですが、楽しく生きることは反対に創造的な性格です。ですから、みんなに好かれるのです。

例えば人がケンカをしていても「まあまあ。そんなことはどうでもいいから、楽しくやりましょう」というふうに、その問題は措いておいて、楽しいほうにもっていくのです。人のケンカに乗って、怒ることはしない。それは、楽しみに重点を置いているからなのです。だからそういう人はずるがしこいというか、楽しみを妨げることがあると、素早くていねいに排除してしまうのです。そういう人々は世の中によく見えます。いつでもニコニコとしていて、楽しくしていて、怒らない人ではないかと、評価を受けています。でも、その人から怒りが消えたわけではない。楽しみに重点を置いておいて、嫌な対象を素早く排除する性格になっているのです。排除できないほどの嫌な対象に遭遇すると、怒りっぽい性格の人よりも強烈に、激怒するのです。渇愛がある限り、安心はできません。

嫌なものにとらわれるのも「渇愛」

それとは逆の人々もいます。いつでも怒り中心に生きる性格の人です。いつもニコニコした顔ではなく、真剣な顔で生きているのです。もしかすると、楽しい性格の人々より、怒りやすい性格の人々のほうが多いかもしれません。それにはそれなりの、理由もあります。

人は誰でも、楽しいものは欲しいのです。しかし、いつでも楽しいものばかり流れているわけではない。楽しいものも楽しくないものも、ずっと流れて来ます。その流れの中では、楽しいものよりも楽しくないもののほうが、かなり量が多いのです。どちらかに重点を置くとすれば、自然と、嫌な気分をたくさん感じる人になってしまいます。

例えば、一秒一秒、自分の眼に、耳に、体に触れるものが、本当に楽しいものか楽しくないものかと、試しに一つひとつ観てみましょう。一時間以内に見たもの、聞いたもの、感じたものを、一秒単位で分類してみれば、たくさんの聞きたくないものを聞いている、見たくないものを見ている、感じたくないものを感じている、ということがわかるでしょう。

そういうわけで、人間は自然と、嫌なものにとらわれてしまうのです。怒りっぽい人が世の中には多いのは当たり前です。ニコニコ明るくしている人は少ないけど、よく怒る人は多いでしょう。怒りっぽい人は、日常生活の中で、眼耳鼻舌身意に好ましくない情報が入ってくるたびに、攻撃しようとするのです。そうすると、一時間を一秒単位に分けると三千六百秒ですが、その秒数の大半は怒っていることになります。一方、ニコニコとしている人は、同じように流れてくる情報からいいものだけを取って、悪いと思うものは素早く、気にしないで無視して措いておくのです。だから明るく振る舞うのは難しい。怒って行動するのは簡単です。怒るための情報なら、どこにでも、ありますから。

怒りっぽい性格は、それが自然の流れだと説明したからといって、放っておくわけにはいきません。この世はとても危険なのです。子供がいつも安全に楽しく登校したり下校したりすることはできませんし、放火事件や通り魔事件、誘拐、殺害、暴行なども、いつ起こるかわかりません。

人間は簡単にケンカをします。戦争などはいとも簡単に起こせるけれど、平和はなかなか保ち難いのです。飛行機を造る技術さえもない国々が、核兵器やミサイルを開発しています。世界にはたくさん宗教があるのに、せっかく信仰をもっている人だからといって、信頼できる、安心できるとはいえない状態です。信仰がある人も、怒りっぽい性格なので、他人に害を与えるのです。世界の問題は明るい人より怒りっぽい人が多いことです。日本だけではなく、世界中でも、お笑いのタレントさんが売れっ子になっています。理由は、ユーモアをもっている人々が少ないからです。誰でも日々ユーモアたっぷりに楽しく生きているならば、お笑いのタレントさんに出番がないはずです。ですから、お笑い芸人はけっこう社会貢献しているのだ、といっても過言ではありません。

「欲が悪い」はわからない

ここで指摘した問題は、仏教で説かれている「瞬間論」と一緒に考えなくてはいけません。一秒一秒、例えば一時間以内でどのように生きてきたかと調べたら、やはり好ましくない情報に触れた秒数のほうが多いでしょう。だから、怒りやすいのです。

そこで、なぜ怒るのかというと、やはり「欲」があるからです。

ですから、怒りだけを排除することは無理です。情報という「流れ」を止めることはできませんから。私たちの耳に流れてくる音を止めてもらうのは無理だし、人の言葉をコントロールして、他人にやさしい美しい言葉を語ってもらおうではないかと思っても、無理なのです。世界は自分が勝手に思うように動いてくれません。他のすべてのものも、そういうふうになっているのです。

残された方法は、「自分がなんとかしなくてはいけない」ということだけです。悟る以前に、一般日常生活の中ではみんな怒ることは良くないとわかっていますが、「欲は良くない」とはわかっていないのです。

怒りの害がわかりやすいのは、世の中のたくさんのものを排除しよう、壊そうとすると、相手側からも攻撃されるからです。例えば、一時間の中で百秒くらい楽しかったとしても、残りの秒数はずうっと不愉快なものに攻撃を仕掛けて、当然、相手からも反撃されたりして、もっとひどい目に遭いますから。

それをわかっている人々が、「怒りは良くない」と言うのです。心理学的に厳密にしゃべらなくても、怒るからケンカする、怒るから社会環境が悪くなる、家庭関係が悪くなる、もうなんにもうまくいかなくなることは明白です。それから細胞も老化して、体の病気になって、頭も悪くなってしまったりする。そういうことだから、怒りは良くないと、ある程度の人は思っています。

でも、ほとんどの人間は、「欲が良くない」とは思っていません。

怒りは良くないと思っていて、怒りを排除しようと頑張りますが、排除はできません。怒りを捨てたければ、欲を捨てなくてはならないからです。

欲を捨てたら怒りも消えてしまうのです。

だから欲を捨てた人にとっては、眼にどんな情報が触れても、耳にどんな情報が触れても、それを受け入れることもなく、排除することもなく、流してしまうのです。

放っておくわけです。反応しないで。

この、「放っておく」ということは、真理がわかっていない人にはできません。

わかるべき真理とは、自分の体の内の世界も、外の世界も幻覚であって、その瞬間、瞬間に生まれては消えていくものであって、実体はない、ということなのです。

その真理を経験していないと、自分の受けた情報を放っておいて、流すことができない。

どうしても、受け入れるか、拒否するか、という反応をしてしまうのです。だから、この完全な悟りということは大変なことで、並の人にできることでもない。しかし、ブッダにとっては「渇愛」というひと言で説明できる。渇愛を捨ててしまえば、その人がこの世もあの世も捨てているのです。なんにもとらわれず、解脱をしているのです。

渇愛は三つある

渇愛という言葉の説明として必ず出てくるのは、①欲愛（kāmataṇhā）、②有愛《うあい》（bhavataṇhā）、③無有愛（vibhavataṇhā）です。渇愛は輪廻転生《てんしょう》をつかさどる原因としてブッダが説かれているので、注釈書は「どの次元で転生するのか？」というポイントに興味をもっているのです。ですから、欲愛は欲界の生まれをつかさどり、有愛は色界の生まれを、無有愛は無色界の生まれをつかさどるのだと説明するのです。この解説は間違っているわけではないのですが、現実に生きている私たちの心の中で、どのように渇愛が働きかけているのかと理解することの支えにはなりません。教理学的な説明より、具体的な説明のほうが実践的なのです。ですからここでは、実践的な面で解説したいと思います。

見るもの、聞くもの、嗅ぐもの、味わうもの、触れるものを楽しみたいという気持ち、また、五根の快楽に依存していることが、欲愛です。生きていたい、死にたくはない、という生きることに対する執着が有愛です。五欲の快楽も、そもそも生きることも、嫌になった、なんでもかんでもないほうがいい、という虚無的・破壊的な感情が無有愛です。人は普通、欲愛の衝動で生きているのです。事故に遭ったり、病気になったりすると、死にたくない、生きていきたい、という存在欲（有愛）があることが見えます。老いていくと、極楽浄土に往生したい、永遠な天国に行きたい、などの気持ちが表われると、それは有愛です。人生は頑張っても失敗したり、うまくいかなかったり、絶望感に陥ったり、不治の病に冒されたりすると、親しい人々も世界も自分の命さえも嫌になったりするのです。破壊的・虚無的な気分に陥るのです。そのときの衝動は、無有愛です。人は気付かないですが、日常の生活はこの三つの衝動が交替しながらつかさどっているのです。

三番目の偈に譬えがありますね。

サリタン　スィーガサラン　ヴィソーサイトゥワー

〈サリタン〉流れていく
〈スィーガサラン〉激しい流れ、奔流を
〈ヴィソーサイトゥワー〉完全に乾かす、涸らし尽くす

これは、大変立派な譬えです。人間が生きているということは、自分の眼耳鼻舌身意に色声香味触法《しきしょうこうみそくほう》という情報対象がずうっと流れていて、感じ続けることなのです。生きていると眼にずっと情報が流れてくる、耳にずっと情報が流れてくる、舌にもずっと情報が流れてくる、鼻にも色々な香りがずっと触れてくるのです。いつでも体の感覚をわかっているのです。麻痺する瞬間が普通はないのです。麻痺してしまったら、その瞬間に体の感覚はわからない、ということになります。しかし、他の感覚は機能しているのです。

眼と耳と体という三つの感覚は、わかりやすいと思います。眼が開いている限りは、止まることなく情報が触れて、それが見えているのです。眼を閉じたら、情報は遮断されるので、見えるということもいったん遮断されます。耳には、音という情報が絶えず流れて触れているのです。しかし、耳を閉じて、聞こえない状態を作るのは難しいのです。耳栓

をしておいても、体から音の振動が内耳に入るのです。体の感覚も常に情報を受け取っているのです。万が一、手とか足などの感覚がなくなったら、おびえてしまうのです。舌と鼻の感覚は情報が触れたときのみ、起こるのです。しかし香りを感じなくなったら、味がわからなくなったら、恐怖感を覚えるのです。

感覚器官はオフにできない

私たちにこの感覚器官をオフ（off）にすることはできないのです。絶えず流れる情報に、慣れているのです。病気などで何かの感覚が機能しないことになったら、おびえるのです。恐怖感に陥るのです。精神的に悩むのです。どれほど情報に依存しているのかというと、情報が入らないと「意」で幻覚を作ることにするのです。例えば、何かの原因で足を切断することになったとしましょう。しかし、その人は今、存在しないはずの足の痛みもかゆみも感じるのです。瞑想実践するときは、眼を閉じるでしょう。それは情報が入って心が乱れないためです。しかし、少々時間が経つと、いろんなことを見始めるのです。夢のように映像が流れていくのです。問題が悪化すると、実際、眼を開いて見ているような感じで幻覚を見始めるのです。耳に入る情報を一時的に遮断すると、幻聴が始まるのです。私たちの心が、なんとしてでも刺激を欲しがるのです。刺激によって、認識が絶えず生まれて消えるのです。

心はおびえて恐怖感に陥って、幻覚・幻聴を作ってまででも認識し続けたいのです。認識し続けることが、生きることなのです。死にたくはない、という強烈な存在欲があるのです。しかし、そんなにおびえることはありません。眼耳鼻舌身に絶えず多量の情報が触れているのです。そのすべてを認識するほどの能力さえも、心にないのです。眼に入るもの、耳に入るものなどは、私たちはすべてを認識しないで、認識処理できる範囲で認識して、他の情報をカットするのです。外の世界から入る大量の情報の中で、ほんのわずかしか認識していないのです。処理不可能なほど、情報が流れてゆくのです。心がおびえる必要はまったくないのに、存在欲という衝動のせいでおびえるのです。焦って幻覚・幻聴まで作るのです。

やるべきことは、刺激が欲しい、刺激が欲しい、と焦ることではありません。川におぼれている人が、水が欲しいと思うような話です。無量に流れ込む情報をカットして、明確に処理できる情報を受け入れることにするならば、存在とは何かと発見できるのです。瞑想というのは、その作業のことです。認識するとは、生きることを意味します。認識できなかったら、その場合「ある」「いる」と言えなくなるのです。一度も見えなかったものは、あるともないとも言えないでしょう。それは自分にとって全然関係ないし、問題も作りません。瞑想する人は、例えば膨らみ縮みだけに集中する。それを上手にできるようになると、自動的に大量の情報をカットしていることになる。例えば、耳が情報の処理をカットする。そのとき、聴覚が起こらなくなる。その瞬間で、一度でも経験したことのない静けさ（absolute silence）を経験するでしょう。その瞬間で、存在欲が顔を出すのです。修行者がびっくりするのです。驚くのです。おびえるのです。瞑想修行は中断するのです。ときどき体を感じなくなることや、体が消えること、などの経験が起こる。説明は単純です。瞑想で忙しくて、他の情報を認識する余裕はなかった、ということです。認識しないものは、個人にとって存在しない、ということになる。

ここで理解して欲しいのは、私たちは情報にあまりにも依存しているということです。少々でも情報が少なくなったら、渇愛により恐怖感を覚えて、さらに情報を探し求めるようになる。しかし、情報は激流のように流れてきて、感覚器官に、絶えず触れています。情報が触れるたびに、渇愛が起こるのです。情報を遮断することはできません。自分で処理して認識するか、処理しないことにするかは、できます。行なうべきことは、情報を処理して認識しても、渇愛が生まれないように注意することです。

「無意識」というものはない

存在とは、認識が暴流のように流れていくものです。眼、耳、鼻、舌、身、意という六つのチャンネルの流れに、「情報」という流れが暴流のように触れて、六つの認識の流れ（眼識《げんしき》・耳識《にしき》・鼻識《びしき》・舌識《ぜつしき》・身識《しんしき》・意識《いしき》）が生まれるのです。これが存在ということです。そこで、無意識という概念は成り立たない。無意識といえば、存在しない、という意味になるのです。本を読む、絵画を鑑賞する、人と話す、などのあえて自覚的に行なう認識もあるし、電車に乗って本に没頭して読んでいるときでも、電車の揺れや、風景の流れや、人々の動きなどは完全に知らない、ということでもないのです。その情報も認識してはいるが、あえて自覚的に認識しているわけではないのです。その情報を後で思い出すこともできないのです。質問されたら、「知らなかった」という答えしかできないのです。しかしこの意識も、「無意識」とはいえないのです。

夢は無意識的でしょうか？　夢を見ているときは、意識して見ているのです。意識の流れは起きているときと同じです。違うところは、怖い夢を見ているのに、それを止めて楽しい夢を見よう、という入れ替えはできないことです。起きているときでも、何か考えが頭に入ったら、そう簡単にそれを別な思考で入れ替えることをできるとは思えません。人の性格について、やってはいけないことをしてしまうときなどは、「無意識」的に言いたがりますが、単なる感想に過ぎないのです。やってはいけないことをしてしまうときも、やりたいのだから、やっているのです。手が人の意志に逆らって動いているわけではないのです。人が、おおざっぱに「存在、存在」だと言っていることは、具体的には「認識している」ということなのです。ですから、無意識という考えは、物事をおおざっぱに観察して気楽に説明したいがために使用する言葉です。

自分の考え方や知識がトラブルを引き起こす

六つの方向から激しい勢いで流れてくる六種類の情報の流れに対して、渇愛が起こるのです。あえて自覚的に認識するものの場合なら、誰でもわかります。「本に夢中になった」ということは、「本から得る刺激に執着している」ということです。自覚なしに起こる認識にも、執着・渇愛が起こるのです。真剣に耳を傾けてもいないのに、周りがうるさいと文句をいうでしょう。公園のベンチで本を読もうとしたが、なかなか落ち着かないから家に戻りました、という場合は、結局は周りの情報に対して、嫌な感情を引き起こしているのです。

暴流のように流れる情報に対して、渇愛の暴流を涸らし尽くすことをブッダが説かれているのです。渇愛の暴流を涸らし尽くしたと、一般人にはいえないのです。それは、悟りに達した人の境地なのです。私たちは眼耳鼻などの六根に入る情報に対して、執着するのです。渇愛を作るのです。貪瞋痴の感情を引き起こすのです。自分が美しいと感じたものは、本当に美しいのだとしがみつくのです。体に入った、なんてこともない情報に対して、美しい、という感情を自分で引き起こしたことをわからないのです。同じ情報に対して、他の人が美しくないという場合は、自分は相手が間違っていると思ってしまうのです。眼に入ったものは、美しいか、醜いか、という区別判断は、認識する人の主観なのです。客観的な事実ではないのです。しかし、自分が美しいと区別判断したならば、それは自分にとっては事実なのです。「試しに醜いと判断してみよう」なんてことはできないのです。例えば、コアラがおいしそうにユーカリの葉を食べている。まずいなら食べないでしょう。では、私も試しにユーカリの葉をおいしいと区別判断するために咬んでみよう、と思っても無理です。人間には食べられたものではありません。ですから認識は、自分が知るものが正しい、と錯覚を起こさせるカラクリです。その錯覚が、強烈な執着です。

人間の世界の中では、考え・思考・主義・思想・信念・信条をめぐって、いつでもトラブルが起きています。人が罪を犯して他人に迷惑をかけたり、他人の自由を奪ったりすることを止めさせるために、法律があります。すべての犯罪のおもとは、思考です。犯罪者は正しいことをやっていると思って、罪を犯すのです。裁判で自分が無罪だと訴え闘うのです。

法律があっても、刑罰があっても、人は罪を犯します。原因は思考です。自分の考えが正しいと思っていることです。自分の考えが間違いだとわかった瞬間に、その思考を止めるのです。「間違った思考」をもつことは、不可能です。昔は、月は星々の王様だと、星々は月の家来だと思っていたのです。当時では、それが事実でした。現代では、星々は巨大な恒星や惑星であり、月は地球の衛星に過ぎないのです。現代はこれが事実です。現代の私たちには、「月が星々の王様だ」という間違った思考をもつことは不可能なのです。

「常に正しい」という呪い

思考は、「常に正しい」という宿痾《しゅくあ》・呪いにかかっているのです。思考は主観であると理解できれば、問題は解決です。思考は正しいか間違っているかと判断することは、成り立たないかもしれません。仏教の立場から見ると、「我は思う、ゆえに我は正しい」という立場自体が、事実に合わないのです。人が間違った思考で罪を犯したり、人に迷惑をかけたり、自分自身で不幸に陥ったりするならば、制御するべきなのは、思考なのです。しかし、「間違った考えをもってはいけません」という法律を作ることはできない。代わりに何をするかというと、わざわざ威張って「思想信条の自由」まで語っているのです。それなら、トラブルが減るどころか、増えるばかりになるのです。

だからといって、思考に制限を付けることは不可能です。制限を付けたこと自体が、マインドコントロールであり、誰かの主観を強引に他人に押し付けることになるのです。思考というものは、事実を発見するたびに、瞬時に訂正できるようにしなくてはならないのです。決して思考にしがみついてはならないのです。執着してはならないのです。その都度、その都度、主観が起こることは避けられません。執着すると、新たな事実を発見しても思考を正すことはできなくなるのです。思考の自由とは、なんでも好き勝手に考えなさい、という意味になってはならないのです。常に訂正できるように、思考が柔軟であること、一時的であることが、「思想信条の自由」なのです。これが仏教の定義です。仏教には、「考えてはならない」思考の項目もありますからね。なんでもいいから自由に考えなさい、ではないのです。

眼耳鼻舌身意に暴流のように情報が触れて、認識が起こる。それから、思考が起こる。しかし、その思考には、「我は正しい」という宿命的な呪いがかかっています。情報によって心が汚れると、発見した一部の人々は、その対策として「見るなかれ、聞くなかれ」

などの態度を取るのです。世間とまったくコンタクトを取らない修道院などを作ったりもする。しかし、何かをするのを止めたからといって、思考の呪いは解けません。まず適度を知ることを実践するのです。「見るなかれ」ではなく、「見過ぎは止める」のです。執着が制御不可能になるまでやらないことです。音楽の例えで言えば、「聞くなかれ」ではなく、「四六時中、夢中になって聞くことを止める」のです。感情にとらわれないように、感情が生まれても制御不可能にならないように気を付けるのです。次のステップで、感情・執着・渇愛が起こらないように心を育ててみるのです。これしか解決方法はないのです。

情報は暴流のように流れてくる。思考も執着も渇愛も、暴流のように表われてゆく。智慧のある人は、世間の情報を制御すること、世間から逃げ隠れすることではなく、執着が起こることを制御するのです。

そこで、渇愛の檻《おり》を破る人が、悟りに達しているのです。

「真理に達した人は、この世もあの世も蛇が脱皮するように捨て去るのです」

IV

判断・比較・評価する心を破壊する（第四偈）

弱い葦《あし》の橋が暴流で壊されるように、

慢《まん》を壊し尽くした修行者は、

蛇が脱皮するように、

この世とかの世とをともに捨て去る。

ヨー　マーナムダッバディー　アセーサン
Yo mānam udabbadhī asesaṃ

ナラセートゥン　ワ　スドゥッバラン　マホーゴー
naḷasetuṃ va sudubbalaṃ mahogho,

ソー　ビック　ジャハーティ　オーラパーラン
so bhikkhu jahāti orapāraṃ

ウラゴー　ジンナミワ　タチャン　プラーナン
urago jiṇṇamiva tacaṃ purāṇaṃ.

四番目の偈のポイントはマーナムダッバディー（mānam udabbadhī）のマーナ（māna）です。これは「慢」という意味で、「渇愛」から生まれるものです。例えば、耳に何か音が触れます。音を感じてから、心で瞬時に様々な判断が起きます。きれいな音か、汚い音か、人が話していることか、動物たちの声か、などです。音を聞いて判断する作業を絶えず行なっているのです。心の中に起こるこの作業を、私たちは「私が聞きました」「私は聞いている」とまとめます。「私」とは何かと、はっきりしているわけではないのです。今まで絶えず起きてきた聴覚作業を、一つの主語でまとめて理解しただけです。

見るときも、味わうときも、香りを嗅ぐときも、体に物が触れるときも、頭で考えているときも、同じく「私が見ました」「私は見ています」「私が味わってみた」「私は味わっている」などなどで「私」という同じ主語でまとめます。生まれてから死ぬまで、六つの感覚器官の働きを一つの単語でまとめて理解することにするのです。そこで六つの感覚器官の働きを一つの単語でまとめて理解することにするのです。そこで認識作業が起こるので、それらをまとめて「私」という一単語で集約するのです。

「私」という言葉は、言語という道具の一部です。言語では、主語がなくては文章は成り立ちません。それがなければ、意味のある表現にはなりません。それで、「雨が降る」と言えば確実に「雨がある」ことになるのです。「私は聞く、見る……」などの言葉を使うから、確実に「私がいる」とするのです。調べることはしないのです。当たり前だと思っているのです。それでは、「ペガサスが飛ぶ」と言えば、必ず「ペガサスが存在する」という証拠にならなくてはいけないのです。事実は、ペガサスが存在しない、頭で作り出した概念に過ぎないのに、文章だけは成り立つことです。

生きるということは、絶えず認識することでもあります。認識するたびに、必ず「私が見ました」といったような形でまとめるのです。このようにまとめると、実在しない、単純な言葉に過ぎない、「私」が、しっかりと実在するものの如く、固定されてしまうのです。この「私」という幻覚が生まれること自体がマーナ「慢」の始まりです。

マーナの何が悪いのか？

マーナがあっても、何が悪いのかと思われるかもしれません。悪いのは、「私がいる」という錯覚が認識判断に介入することです。例えば耳に入った音を認識判断しないと、どんな音かわからなくなります。そこである人は、きれいな音だと判断する。その人にきれいに聞こえたから、そのように判断したのです。だからといって、その音は客観的にきれいな音に決まったわけではないのです。他の人は、汚い音だと判断する可能性があるのです。動物たちなら、同じ音を自分たちの主観で判断するでしょう。結局は音の実相がわからなくなるのです。きれいな音だと判断した人は、それが事実だと思うのです。そこで、生きているすべての人々は、それぞれ自分が判断する世界がそのまま事実だと思ってしまうのです。

この状況を言語でまとめると、「私が知った。判断しました。だから正しいのだ」と言わざるを得ないのです。「私が正しい」というスタンスで、幸福で平和でトラブルを起こさず、穏やかに生きていられると思うのでしょうか。頭では、他人が別の判断をしているのだと知っていても、自分が正しい、というスタンスは変わらないのです。人はわざと間違った判断はしないのです。このキノコはおいしそうだ、と判断する。判断は正しいから、食べてみる。食べたところで、中毒になる。中毒になってから、前の判断は良くなかったとわかるが、判断した時点では、それは知らなかったのです。それから、毒キノコだと判断するでしょう。でもそれは、正しいのでしょうか。

もしかすると、付け合わせに食べたものと混じって、キノコが毒になった可能性もあるのです。仮にしょう油に合わせると毒になるとしましょう。その人は、しょう油は当然、食べるものにかけるものなので、次に判断する際にしょう油の事実を考慮しないのです。しょう油は毒にならない。それは事実です。しかし、このキノコを食べて中毒になったので、毒キノコだ、という判断に達するのです。しょう油と混ぜると毒に変わるのか、という事実は、その人にわからないのです。

これは仮定の話ですが、言いたいところは、私たちが瞬時にする判断は、正しいと決まっていることです。人が何かを判断したら、何かを決めたら、それを変えることは容易なことではありません。「私が判断する。その判断が正しい」という誤解が、生きる上で限りのない問題を作るのです。他の人の判断は、自分の判断と違うので、生きる上で必ず対立が生じるのです。凶暴な人が、自分の判断を他人に押し付けたり、弱い人は自分の判断が通らなくて、悩んだり落ち込んだりするのです。

判断の改良が難しいのは、「私たちが判断する」からです。「きれいな音だ」と判断するのではなく、「この音をきれいだと感じた。自分の耳に、さわやかな気持ちが生じた」と素直に言える人間になれば、人生は楽になると思います。しかし私たちは、あの絵画が美しいのだ、あの音楽は最高なのだ、あの店の食べ物はおいしいのだ」などと言うのです。判断の主語を「私」にすることで事実にしてしまうのです。

①地球が丸いです。②地球が丸いと思います。この二つの文章では意味が違うでしょう。食べ物がおいしいです、という場合は①の地球が丸いです、というスタンスです。本来ならば②のおいしく感じた、と言うべきなのですが、あまりそうする人はいません。たまにそういう言い方をしたとしても、あまり意識しているわけではないのです。

真理を隠す「私」がいる

これまでの説明で、「私がいる」というマーナが真理・事実を隠すのだ、ということが理解できたと思います。マーナの悪行為は、それだけでは終わりません。自分を標準にして、他人を判断するのです。その基準は次の三種類です。①私が優れている(seyya māna)、②私と等しい(sadisa māna)、③私が劣っている(hīna māna)。

「あの人は頭がいい」というような、なんの悪気も感じない言葉にしても、それが自分と比較して、そう判断したならば、とても危険です。これは三番目のマーナです。怒り、嫉妬、落ち込みなどの感情で、自分の心が汚れてしまうのです。「あの人はうるさい」と言う場合は、一番目のマーナです。その人と比較すると自分はうるさくない、優れた人間だという判断です。実は「あの人がうるさい」と外の世界に付ける判断は、初めから間違っているのです。正しいのは、「うるさいと感じた」です。それなら、他の人が「うるさくない、普通」という判断に達しても、問題にはなりません。

私たちの生き方を観察してみましょう。判断をしないで生きることは、まず不可能です。絶えず判断し続けてしまうからです。しかしその判断を「この食べ物がおいしいです」というように、外の世界にある事実の如く、思うのです。「地球が丸い」というスタンスです。「食べ物がおいしい」と言っても、すべての人間にも、その他の生命にも、その食べ物がおいしいわけではありません。明らかに間違いです。しかし、それが事実だと勘違いするのです。「私がいる」というマーナのお陰で、人間には邪見しか生じないようです。

三種類のマーナが原因で、あらゆる精神病が起こるのです。例えば、ある人が「私は人ゴミに入るとたまらないほど緊張するのだ。恐怖感に陥るのだ」という場合、もしかすると、自分のことをあまりにもみじめに（三番目のマーナ）評価している可能性があります。「自分の正しい判断」なので、そう簡単にはその気持ちは変えられません。自分のことをあまりにも高く評価してしまう場合も、同じ精神病に陥ります。このような精神病がなかなか治らない理由は明確でしょう。自我中心的なマーナなのです。マーナで判断したのです。自分の判断は正しいと、判断したのです。

さらにマーナのせいで、他人を差別するのです。攻撃するのです。自己中心に、自分という檻の中に閉じ込められて生きるのです。自分の檻の世界がすべてだと思うのです。檻の外は知らないのです。真理でないものを真理だと錯覚せざるを得ない状態は、無明《むみょう》ということです。自分が実在するという錯覚を壊し、マーナを基準に判断することを壊してしまった人は、悟りの境地に至るのです。

偈に書いてある譬えは「葦の橋」です。

ナラセートゥン（naḷasetuṃ）のナラ（naḷa）とはおそらく「葦」でしょう。竹に似ています。太くて強そうに見えるが、中は空です。手で握ればすぐにつぶれます。私たちのマーナも、中身のない、実体のない、空なのです。強そうに威張っているだけです。葦で橋を作っても、激しい勢いで水が流れればバラバラに壊れてしまうのです。

この暴流という「勢い」で譬えているのは、すべての現象が無常《むじょう》で変化していることだと理解したほうが良いのです。一切の現象は無常なので、それを発見した人にとっては、「我がいる」のような錯覚も、一かけらもなく壊れてしまうでしょう。

判断は災いの元

この経典にある偈の一つひとつは、悟りの境地を語っているので、難しいと思います。悟りに達するまで、煩悩《ぼんのう》という細菌に感染したまま生きている私たちに、日常生活で役に立つようにレベルダウンして考えてみましょう。「判断は災いの元だ」と、覚えておきましょう。「ご飯がおいしい」と言うのではなく、「私にはおいしい。私はおいしく感じる」と言えるようにしましょう。会話をする上で「これはおいしい」と言うのはかまいませんが、気持ちの中で理性に基づいて、自分がおいしく感じていることに、気付かなくてはいけないのです。試しにやってみると、いつのまにか、理性のある、頭の良い人間になってしまうと思います。今まで自分の周りにあったトラブルが、ほとんど弾けていることを発見するでしょう。

感情に陥ったり、無責任になったりすると、このスタンスは維持できなくなって、失敗する。例えばお腹が空いて食欲に負けているときは、おいしく感じる、というクールな態度が消えるのです。むさぼって食いまくりたいのです。クタクタに疲れているときも、自我が牙を出すのです。酒などで酔っているときも、客観的に見る能力がなくなって、「私が正しいに決まっている」という態度を取るのです。それもトラブルの元です。自我が表に出たり、自己中心に判断したりするために、いつもトラブルなのです。失敗なのです。不幸なのです。

マーナを破ることができたならば、その人は悟りに達しているのです。

「真理に達した人は、この世もあの世も蛇が脱皮するように捨て去るのです」

V

生きる意味を探しても得られない（第五偈）

無花果《いちじく》の花を探す人が何も見付けられないように、

存在においても意義（実体）を

見出せないことを発見した修行者は、

蛇が脱皮するように、

この世とかの世とをともに捨て去る。

ヨー　ナーッジャガマー　バヴェース　サーラン
Yo nājjhagamā bhavesu sāraṃ

ヴィチナン　プッパミワ　ウドゥンバレース
vicinaṃ puppham iva udumbaresu,

ソー　ビック　ジャハーティ　オーラパーラン
so bhikkhu jahāti orapāraṃ

ウラゴー　ジンナミワ　タチャン　プラーナン
urago jiṇṇamiva tacaṃ purāṇaṃ.

この偈のポイントは「ヨー　ナーッジャガマー　バヴェース　サーラン」です。これは「諸々の生存状態の内に堅固なものを見出せない」という意味です。

〈バヴェース〉生存という状態を意味するバワ（bhava）の複数形で「諸々の存在においては」という意味です。

〈サーラン〉英語のエッセンス（essence）と同じで「意義（実体）」を意味します。

〈ナーッジャガマー〉見出せない

バワは「存在」という意味でもあります。つまり、「生きる」ということです。すべての生命は、人生は楽であろうが苦であろうがお構いなしに、生きることに必死なのは、なぜでしょうか？　なぜ、そんなに生命は生きたがるのでしょうか？

その疑問については、一瞬も考えないのです。

それで気を紛らわすというか、ごまかしてポイントをズラしてしまう。これを上手にやるのが子供たちです。

子供に答えられない質問をしたり、答えたくない質問をしたりすると、子供は質問を見事にごまかします。幼い子でも同じです。「なんで、あなたはしょっちゅう泣くの？」などと何か聞いてみて下さい。問題を驚くほど違う方向にもっていってしまいます。子供は、そういうことが上手なのです。

「存在」は何ゆえに生きたがるのでしょうか。私たちはその問題には答えないのです。問題はさておいて、買い物をしなければ、洗濯をしなければ、学校へ行かなくては、会社に行かなくては、ローンを払わなくては、などと、そうやって「生きるために必要な道具」にとらわれているのです。

「なぜ？」ということは、聞かないのです。

買い物に行くのは生きるためであって、生きるための「道具・手段」です。会社に行くのは生きるためであって、生きるための道具・手段ですが、「なんでそんなに必死な思いで生きているんですか？」「なぜ生きていかなくてはならないんですか？」というところには全然疑問を抱かないのです、人間は。人間だけではなく生命はみんなそうなのです。それが全然当たり前なのですから。だって、生きているのですから。買い物をしなければ、だって生きているのだから。洗濯をしなくては、だって生きているのだから。ということで、人生が終わってしまうのです。

生きるための手段、道具が大事になって、なぜ生きるのか、という問題は関係ないことになってしまう。その考え方は、一般的に世の中を見ても同じことです。今私たちは、発展した世の中で生きていると威張ってはいますが、実際には人間が「道具」の奴隷になっているのです。

世の中では次から次へと「道具」を作るのですが、それがいったいなんのためにあるのか、がわかっていないのです。だから仏教では「あなたはなぜ生きているのですか?」と聞くのです。「わからないならば、その理由を考えてみてはいかがですか?」と。これは、仏教だけが聞いている質問です。この質問について、他の宗教では考察していません。

仏教を「宗教」に含めることができない理由の一つは、それなのです。「宗教」というものは、生きることは前提として認める。正当化する。より幸せに生きることを提案する。やがて、完全に幸福で、永遠に生きられる天国について語るのです。仏教の思想とは、反対なのです。

宗教では、「生きているのはなんのためか？」と考えるのではなくて、より永遠な豊かな天国を提案するのです。これは俗人が希望しているものなのです。道具を作りながら、より安定した生き方を希望しているのですが、作った「道具」は安定した生活の糧にならないし、やがてあっけなく死ななくてはならない。一生懸命、死を避けようと頑張ったのに、失敗に終わります。だから、死なない状態を希望しているのです。

宗教は、そういう世俗の人々の希望に合わせたものを一つ作って売っているのです。必死になって、永遠の天国のことを語るのです。その話に乗らない人もいるから、併せて永遠の地獄の話をもってきて、脅すのです。人が希望するから、要求するからといって、それを与えることは正しいとはいえません。おもちゃのピストルで遊んでいる子供が、本物が欲しいとねだっても、理性のある親は断固として断るのです。要求に応じるだけなら、酒を飲みたい人に酒を売る、何か悪いことをしたがっている子供たちに麻薬を売るのと、本質的に同じです。「死にたくはない？　それなら永遠の天国があります。そこなら、死にませんよ」という態度です。

あなたは、なぜ生きているのか？

ブッダはこの問題を生きるということ、バワ（存在）とはどういうものかを観察されました。その結果、みんなただ死んでしまうだけだ、ということがわかりました。大切なものは何も見付からないまま、途中で死んでしまう。みんな途中でゲームオーバーになってしまうのです。

だって、やることは毎日同じでしょう？　ご飯を食べる、仕事をする、お風呂に入る、寝る、また起きてご飯を食べる、寝るという、それしかやっていないのですから、何かが見付かるわけではないし、第一、忙しいのです。それで、途中でゲームオーバーになって死んでしまう。よくよく見てみれば、ただ人々は死んで終わるだけなのです。

私たちは、ただ、食べて寝て死ぬだけのことではなくて、もう一つ考えなくてはならないことがある、と仏教はいうのです。なぜ生きるのかと発見することです。同時にもう一つ、なぜ生きるべきか、ということも発見します。なぜ生きるべきか、と発見すれば、曖昧に中途半端に疑問と不安だらけで生きている生き方がたちまち消えて、しっかりします。まだ死んでいないから生きている一般人の生き方と、目的があって生きている人の生き方は、同じにはならないのです。

仏教の答えは、渇愛・煩悩・執着があるから生きているのだ、ということです。渇愛があるから、いくら生きていても、満足には至らない。生きていきたいのに、みじめに死ぬ。渇愛がある限り、死んでもまた生を合成するのです。要するに転生するのです。これが限りなく続く。ですから、生きることには、まったく意味がないのです。苦しみの連続です。永遠の天国に行って、永遠にワンパターンで苦しむ、という考えもおかしいのです。ですから、生きている上で、渇愛をなくして解脱することを、「生きる目的」にするべきなのです。ブッダの教えに納得すれば、必死で努力すべき有意義な目的が現われるのです。なんとなく生きることが消えるのです。

この偈の一行で、なぜ生きるのか、という疑問に修行者が発見する答えを説かれているのです。なぜ生きるのか、生きることに意義があるのか、生きるとはどういうことなのか、と智慧で観察したところは、「存在の意義」（バヴェース　サーラン）です。答えは「何も見付かりません」（ナーッジャガマ）でした。

ただの空っぽでした、と。「空しかった」ということが見付かったのです。バカバカしいと。それがわかれば、あの必死な「生きていなくちゃ。生きていなくちゃ」という強迫感がなくなるはずです。普通の人は、朝ごはんを作らなくては、学校・会社に行かなくては、勉強・仕事しなくては、買い物をしなくては、掃除洗濯しなくては、お歳暮・お中元を贈らなくては、年賀状を書かなくては、などなど必死でしょう。焦っているでしょう。落ち着きがないでしょう。すべてはその場しのぎのことではないでしょうか。だから、すぐに意味がなくなるのです。

例えばウェディングドレスは必要でしょうか？　すぐ結婚する予定があるならば、必要です。しかし、二、三時間以内で意味が終わるのです。ウェディングドレスは、式が終わったら、なんの意味ももたない代物です。おもしろいことに、生きている上でやっている行為はすべて、ウェディングドレスの例えで理解できます。

これは一般の人々の場合ですが、この世にはもっと無知度が高い人々もいます。「人を殺してでも必死で生きていなくちゃ」「大量殺人をしてでも自分の政治家としての権力を守らなければ」「戦争をしなくては」などなど、想像を絶するアホらしいことをする人もいるのです。生きることにはその場しのぎの意味以外、何もないと理解しないから、この世は恐ろしいのです。悪に染まっているのです。犯罪は絶えないのです。生きることの意味は、「空」だとわかると、その瞬間に心がすうっとするのです。今まで背負ってきた、巨大な荷物がなくなるのです。これは悟りの表現でもあります。

ウドゥンバラの譬え

渇愛という言葉でも悟りのことを表現できます。二番目に出てきた慢、驕慢《きょうまん》、判断という言葉でも悟りのことを表現できます。これらの一つひとつの言葉は、膨大な思想なのです。この第五偈の譬えもおもしろい話です。花の咲かない木があります。パーリ語ではウドゥンバラ（優曇鉢羅《うどんばら》）という木で、実がなりますけれど花は咲きません。

そこでウドゥンバラの木がある森の中で花を探すのです。落ちている花がないでしょうか、とね。しかし、いくら探しても見付かるはずがありません。花は咲きませんから。ウドゥンバラを日本語で言えば無花果でしょうか。

無花果の林でもいいし、ウドゥンバラの林でもいいし、とにかく、その林に行って「落ちている花はないかなあ」と探しても花が見付からないように、「生きることに大事な何かがあるのか?」と探しても、何も見付からない、というのです。そこで「花が無い」ということを確認した人は、「ああ、無いんだ」とホッとしてなんにもとらわれない、この世にもあの世にも、存在にはとらわれない状態になる。それが悟りの境地なのです。

無花果の譬えを少々詳しく考えてみましょう。無花果という果物がある。果物があるならば、花があるはずです。その仮定で、無花果の花を探す。見付からない。見付からないからといって、花がないと断言できません。そこで、観察する。調べる。事実を発見する。無花果とは、他の植物と違って派手な花は咲きません。木の枝に最初から無花果の実のみが現われてくるのです。それで、結論です。無花果には花はありませんと(厳密にいえば、無花果にも花の機能はありますが、私たちが常識的に知っている花ではありません)。

私たちは生きていることは確かです。無花果という果実が確かに存在するように、生きているという実感はあります。生きているから、生きていきたいから、死にたくはないから、きっと生きていることに意味があるだろうと推測する。それで調べる。観察する。意味は見付からない。さらに調べたら、生きるとはどのようなカラクリかと発見する。そこで結論に達する。生きることには意義はありません。空しいのです。

今生きていることを見ても、様々な原因・条件がそろって一時的に成り立っているだけです。眼があるから見えるのであって、眼の機能が少々でも変わると、視覚の働きも変わるのです。見て何かを知ったとしても、それは視力によるものです。人間にも見える、猫にも見える。しかし同じものを見て知る世界は、それぞれ違う。人間も匂いを感じる、犬も匂いを感じる。しかし犬は匂いだけで広大な世界を知っている。生きているとは、色受《しきじゅ》想行識《そうぎょうしき》の集まりで一時的に成り立っているだけです。泡沫、蜃気楼《しんきろう》、夢で食べるご馳走などの例えで、生きるとは何かと説明しているのです。実体がないだけではなく、その幻想を作る原因も無常で瞬間的に消え去るものです。因果《いんが》法則や無常を発見すると、はっきりと生きることに意義はありませんと、結論に達するのです。

この偈では、「意義（実体）たるものはない」といっているのはなぜでしょうか？　それは、宗教家、思想家はみな、人が変わっても人には永遠に変わらない魂、実体があると断言的に信じているからです。ブッダは結論に達する前に研究して事実を発見しなさい、事実に基づいて結論に達しなさいと言いたいところでしょう。ですから、宗教家・思想家が言うことは、事実無根なのだという言葉で表現しているのです。

生きることは意義をもたない空回りに過ぎないのだと理解する人は、悟りに達しているのです。

「真理に達した人は、この世もあの世も蛇が脱皮するように捨て去るのです」

VI

「ああではないか、こうではないか」と思う気持ちをなくす

（第六偈）

心の中に怒りもなく、

あらゆる疑問に悩むことを

乗り越えた修行者は、

蛇が脱皮するように、

この世とかの世とをともに捨て去る。

ヤッサンタラトー　ナ　サンティ　コーパー
Yass' antarato na santi kopā

イティバワーバワンタン　チャ　ヴィーティワットー
itibhavābhavantan ca vītivatto,

ソー　ビック　ジャハーティ　オーラパーラン
so bhikkhu jahāti orapāraṃ

ウラゴー　ジンナミワ　タチャン　プラーナン
urago jiṇṇamiva tacaṃ purāṇaṃ.

希望通りなら怒りがない

この偈では怒りと疑問という二つのポイントから、悟りの境地を説かれています。まず、怒りについて考えてみましょう。

ヤッサンタラトー　ナ　サンティ　コーパー

ヤッサンタラトーのアンタラトー（antarato）は「心の中」「自分の中」という意味です。コーパーは「怒り」です。悟りに達した人の心の中には怒りがない、という意味になります。欲も怒りも無知も、心の中に現われるものだから、説明する必要はないと思われるかもしれません。しかしこのポイントは、延々と説明する必要があるところです。私たちはなんとなく心に欲、怒りなどがあると思っているだけで、明確な理解と納得がありません。怒る場合は「あなたが悪い」という気持ちになるのです。ですから、外にある対象に原因があるように思うのです。

世間が悪いから怒らずにいられない、という場合は、結局、原因は世間にあるようです。

自分が悪くないのです。このような態度を仏教は否定します。善い人間と良い環境に囲まれて、希望通りに生活できれば、誰でも怒らないでしょう。それは人間に限ったことではありません。動物も同じなのです。環境のお陰で怒ることはないといっても、それで人格者とはいえないのです。本当に怒りがない人であるならば、何一つうまくいかない、悪い環境の中であっても、怒らないのです。

怒りについて順番で考えておきましょう。まず怒りの定義です。怒りとは、眼耳鼻舌身意に入る色声香味触法という六つの対象に起こる拒絶反応のことです。例えば耳に入る音を、そのまま素直に受け入れたい、聞きたい、という気持ちになったら、欲なのです。受け入れたくない、聞きたくない、という気持ちになるならば、怒りです。人には自然に好き嫌いがあるのです。好き嫌いが欲と怒りの感情を引き起こすのです。

好き嫌いの罠

好き嫌いとは、いったいなんなのでしょうか。変えることはできるのでしょうか。人間に生まれたら、その命をつなぐために、自然に好ましい環境と好ましくない環境というものが成り立ちます。なんでも人間の食べ物にならないし、空気が薄い高い山の上や、また水の中では生活できない。人間であるならば、ある決まった環境の中で生活しなくてはならないのです。他の生命にも、同じく決まっている環境があるのです。食べ物、服、住むところなどは、自分の生活しやすいようになると、それが好きになるのです。食べ物が、自分の体に合わない場合、住むところが自分の体に悪い影響を与える場合は、嫌いになるのです。それでも、好き嫌いは感情です。理性ではないのです。理性があるならば、好きか嫌いかという判断に関係なく、因果法則によって人間はこのような環境で生きるのだ、動物は別な環境で生きるのだというふうに、客観的に理解するのです。理性のある人は、「この食べ物は私の体には合いません。食べたら調子が悪くなります」と言うのであって、「この食べ物は、私は嫌いだ」とは言わないのです。

人間は簡単に好き嫌いの罠にかかります。それから、命をつなぐために必要か否かに関係なく、様々なものを好き嫌いで取捨選択するのです。「猫が好き、蛇が嫌い」と言うのです。猫も蛇も、自分の人生になんの影響もないのです。命に必要なものに、好き嫌いの選択を入れると、問題が起こります。

例えば、ケーキが好きです、という場合を考えてみましょう。ケーキは当然、食べ物です。好きだからといって、他の食べ物よりもケーキばかりたくさん食べるならば、問題になります。好き嫌いのせいで、人間はけっこう偏食なのです。体質のせいで偏食になるのは問題ではありません。

好き嫌いの感情の罠にかかると、好き嫌いのリストは、まれに減ることはありますが、右肩上がりに増えるばかりです。それでどうなるのかというと、欲と怒りの煩悩も、右肩上がりに増えるのです。自分のために、自分の自由で生きるのではなく、感情のために、感情に振り回されて生きることになるのです。というわけで、好き嫌いなどの理性に関係のない感情が割り込むと、人の自由が、人の幸福が、なくなるのです。

怒ったら弱者を狙う

好き嫌いに振り回されている人は、自分の心の中を見ようとはしません。好き嫌いというリストを見るのです。嫌いなリストの項目に対して、怒りが生じるのです。蛇が嫌い、虫が嫌いなどと言いながら、攻撃するのです。蛇に危害を加えられたわけでもないのに、見ただけで殺してしまうのです。見る虫、見る虫を次々と叩きつぶすのです。嫌いな人間、嫌いな仕事などになると、怒りが複雑に作用して、人を不幸にするのです。嫌いな人間だからといって、ゴキブリのように叩きつぶすことはできません。完全犯罪の計画を立てて実行しても、うまくいくわけではないのです。相手に害を与えることができない場合は、その衝動は心に溜まって、自傷行為を引き起こすのです。怒りの相手があまりにも強過ぎて、自分に何もできない場合は、攻撃をあきらめるのです。

ここで考えてみて下さい。私たちは虫ならなんの躊躇もなく簡単に叩きつぶす。なぜならば、虫は自分になんの攻撃もしないからです。怒りの相手が、力の強い凶暴な人間だとしましょう。攻撃しようとすると、簡単に自分が殺されてしまいます。その場合は、攻撃しないで怒りをこらえるのです。相手には害はありません。ということは、自分に害を与えないもの、害を与える力のないもの、弱いものは、いとも簡単に私たちの怒りの攻撃対象になるのです。

結果として、他人に害を与えない生命に、弱いものに、生きづらい世界になっているのです。人は見栄を張って自分の怒りを正当化しようとしますが、あえて攻撃する場合は、弱いものを選ぶのです。かつてアメリカと旧ソビエト（ロシア）は仲が悪く敵同士でした。しかしアメリカは旧ソビエトを攻撃しませんでした。旧ソビエトもアメリカを攻撃しませんでした。互いがあまりにも凶暴で力強かったからです。しかし、アメリカは胸を張ってベトナムやパナマを攻撃しました。相手が弱かったからです。アメリカに対して、悪影響を与える能力がなかったからです。このように怒りは、悪人を攻撃して、善人を守るのではなく、善人をつぶして、悪人を放っておくのです。

怒りの制御は楽ではない

怒りは少々でもないほうが良いのです。たとえわずかでも、私たちは理不尽なことをするのです。相手にも自分にも悪影響を与えます。怒りとは、悪人を守る行為、悪行為を応援する行為だと理解すればいいでしょう。子供の幸福を願っている親は、子供に対してしょっちゅう怒るでしょう。その場合、親が子供のだらしない性格を応援しているのです。治さなくてはいけないところを強化して、育てるべき性格を壊すのです。それから、怒りを、好き嫌いの感情から生まれることである、と覚えておかなくてはなりません。自然に成り立つ、命に合う環境と、命に合わない環境を、好き嫌いの感情に変換しないで、客観的な事実として措いておくのは、仏教的な生き方なのです。

それにしても人は、一般的にいえば、怒りを制御しようと努力しています。しかし人が自分の怒りに気付くときは、怒りは処理できないほど燃え上がっているときです。けっこう苦労します。「相手が悪いが、私は怒らないでいるぞ」と思う場合は、苦労の程度が高いのです。間もないうちに、ガマンできなくなって怒りが爆発するのです。怒りをガマンすると、このようになります。相手の悪さはさておいて怒りが自分の心に生まれたのだ、このままでは自分が愚かな行為をしてしまうのだ、と知って怒りを制御すると、前よりは苦労の程度が低くなります。怒りの圧力は爆発する程度まで上がりません。とはいえ、楽な作業ではありません。苦労が溜まると、落ち着きがなくなると、怒りが爆発してしまうのです。

好き嫌いから怒りが表われると、前に言いました。好き嫌いは判断なのです。理性に基づいて達した判断ではなく、感情で起きた判断なのです。理由も証拠もなく達した判断なので、たちが悪くて、変えることは難しいのです。怒りが悪いと知って、怒りを制御する人々は、心の中に起こる、このたちの悪い判断と格闘しなくてはならないのです。自分が嫌だと思うものに対して、怒らないでいることは大変です。嫌と思ったものを、好きだと判断を変えることは、無理です。嫌であっても、怒らないでいることにはけっこう精神の力が必要です。力が尽きて、嫌なものに対して怒りを抱いたら、負けになるのです。理性のある人が、嫌なものに対して怒らないで忍耐することを自分の経験として積み重ねていけば、精神の力が徐々に強くなっていきます。怒りを制御できる能力のある人間になるのです。それでも、解決、というわけにはいきません。好き嫌いがある限り、判断との格闘は消えません。

覚者は「怒らない」ではなく「怒れない」

次に、悟りに達した人の怒りの管理について説明します。悟りに達したということは、完全たる智慧が現われたということです。感情ではなく、理性で生きる人になった、ということです。悟りに達しても、体に合う食べ物と、体に合わない食べ物は当然あります。住みやすいところと、住み難いところもあります。付き合いができる人も、付き合いが難しい人もいます。この状況は、理性で理解するのです。この食べ物はこの肉体の栄養にならない。食べたら肉体の機能が狂うので、止めておきましょう。この人の好みやら生活習慣は、私の生き方とは合わない。付き合うとこの人は苦労します。私にも楽ではありません。ですから付き合いは、迷惑のない程度にしましょう。

悟りに達した人には、好きと嫌いはないのです。「この花はきれいです」。俗世間では意味のある言葉です。では真理から観察しましょう。この花は瞬間瞬間変化していく。やがて枯れてゆく。止まることはありません。「この花は……」と言っている間も、花は変化しているのです。ある瞬間、「きれいだ」という視覚を引き起こしても、花はきれいです、と変わらない真理として確定することはできません。それから、きれいだ、と起きた視覚も、見えた瞬間に現われたのであって、見ていないとき、眼を閉じるときは、その視覚はありません。絶えずたくさんのものが眼に入るので、視覚はめまぐるしい勢いで変化していきます。

ですから、「きれいです。汚いです。好きです。嫌いです」という判断は、成り立ちません。俗世間では、花がきれいです、という場合は、具体性も客観性もないのです。観念です。実在しないのです。実在しないものを実在すると誤解しているから、俗世間レベルでは無常の真理はわからなくなります。また、「花はきれいです」という視覚は、そのときの因縁によって瞬間的に起こるものです。光の加減、背景、花の形、観る人の視力、観る人の気持ちなどで成り立つもので、一時的な現象なのです。

生けた花を観察すると、私たちにも理解できると思います。まずプロが上手に生けた花を観ましょう。とても美しいでしょう。感動するでしょう。はい、それから、花器の位置を変えてみましょう。回してみるだけでもいいですから。さて、どうなるでしょうか。それから、自分で花を変えてみて下さい。どうなるでしょう。あの美しさは、瞬時に変わってしまうのです。ですから、「花はきれいです」と言えるのでしょうか。

悟りに達した人は「好き、嫌いと判断する」「無常を無視する」「因果法則を無視する」といったことはありません。観念が真理ではないと知っているからです。心の中から、観念が真理だと勘違いすることがなくなったのです。初めから、判断は成り立たないと悟った人にとっては、好きも嫌いも成り立たないので、心の中で怒りが生じないのです。道徳を重んじる一般の人の場合は、「怒らないのです」と言うべきところは、悟りに達した人の場合は、「心の中で怒りが生じない」と言うべきなのです。この二つは決して同じではありません。言い換えれば、「覚者は怒れない。一般の人は怒らない」です。この偈で、悟りに達した人の場合は、「アンタラトー　ナ　サンティ　コーパー」（心の中に怒りもなく）と説かれたのです、

「思うこと」は証拠不十分である証拠

イティバワーバワンタンとは「疑《ぎ》」、疑いのことで、いわゆる「妄想」のことです。世の中にある意見というものは、なんでも妄想ですよ。ここでは妄想を「思うこと」という言葉で言い換えて、説明します。思おうとするならば、なんでも思えるのです。「このようには思えません」とは言えないのです。例えば、馬と象が見えます。それから、空を飛ぶ鳥たちも見えます。なぜ鳥たちは空を飛べるのかというと、翼があるからです。馬と象に翼を付けてあげれば見事に空を飛ぶでしょうが、実際にはあり得ない。なのに人間は立派に想像して物語を作り、絵を描くわけです。私たちは大事な子供たちに、どうでもいいその絵本を寝る前に読んであげる。子供も本当の話のように思って喜んで聞く。あること

も、ないことも、なんでも思えるのです。

事実を観察すれば、「ご飯を食べなかったら人は死ぬだろう」と思うことができます。また、なんの証拠もなく、「大宇宙のエネルギー（気）が身体に回れば栄養を取る必要はない」と思うこともできます。なんでもかんでも思うのではなく、責任をもって「思うこと」自体を制御する人の思いには、何か意味があるかもしれません。しかし、人が思うからこそ事実だ、真理だ、とはならないことを理解していただきたいのです。証拠不十分な場合は、人は「思う」という代物に頼るのです。思うとは、結局は妄想ですので、証拠不十分な場合は、妄想に頼って結論に達するのです。その結論は間違いありません。今なら「地球は丸い」と思う必要も、信じる必要もないのです。地球が丸いと結論付けるために、十分な証拠があります。ですから、「地球は丸いと思う」ではなく、「地球は丸いです」というべきなのです。

思うがために悩みに暮れる

この世の人々は、本当に困っています。なぜかというと、人が思うこと、妄想することを、真理だと、事実だと、自分が思うからです。妄想するからです。例えば、胸を張って「絶対的神は存在しない」と言えないのです。思えないのです。なぜならば、地球の人間の多数が神の存在を信じているからです。もしかすると本当に神は存在するかもしれませんと、自分が思うからです。しかし、一方では「神は存在しない」と思っているのです。思っているだけで、「存在しない」と証明するための十分な証拠ももっていないし、神が存在すると証明するための証拠もないのです。それで「思う」という妄想のヴェールに身を隠すのです。私たちはほとんど、「思う」ことで生きています。思うだけなら証拠不十分に決まっています。

自分が思ったことの反対も、思うことは可能です。一人の人が両方を思うと、大変なことになります。学力の高い能力ある人が、大学を卒業したとします。本人は勉強好きで、大学院に進学したいと思っています。それと同時に、社会人になる年齢を迎えたので、就職したいとも思う。就職するならば、今を逃すと将来性はない。そうすると、大学院をあきらめなくてはならない。ただのサラリーマンになって人生を終わりたくはありません。大学院に入って、定職に就かない人生も困ります。それでその人は、大学院に進学しようか、いいえ、就職しようか、と悩みに暮れることになるのです。進学することが良いと思うし、進学しないほうが良いとも思う。就職するほうが良いと思うし、就職しないほうが良いとも思う。これなら、途方に暮れるはめになるのではないでしょうか。あれもこれも思えるからこそ、この問題が起きるのです。なぜ思うのかというと、何かを決断するために必要な証拠が不十分だからです。

思いは争いの元

自分が思うことと他人が思うことは、対立する場合もあります。例えばある人は、人間にとって信仰は欠かせないと思う。またある人は、無宗教こそが正しいと思う。この二人が対話して、何かの結論に達することはありません。どこまでも対立して、自分の主義を主張するでしょう。中東の人々は、アッラーこそ唯一の神であると固く信じている。キリスト教は邪教で、悪魔の教えだと思う。西洋の人々は、キリスト教は文明的で真の宗教だと思っている。アッラーを神だと思わないのです。この対立で、戦争まで起こるのです。人々が死ぬのです。どちらの立場にしても、正しいと証明するための証拠は皆無です。

しかし、地球が丸い、という事実に対しては、ユダヤ教もイスラム教もキリスト教も戦いません。平和です。言えることは、十分な証拠があって、真理をはっきりすれば、平和になるということです。思うこと（妄想）を事実だとして生きているから、人間の生き方は曖昧です。悩みは多いのです。問題が起きても、解決策はわからないのです。疑問だけです。自信がないのです。自分の意見を述べると、緊張するのです。たとえ意見があっても、却下されるのは嫌ですから、意見を述べることもしないで、自分は認めたくない相手の意見に同意する場合もあります。それは、楽しいことではありません。

宗教とは妄想の産物

宗教という世界も、思う（妄想）世界です。信仰の世界です。これは日常の思う世界より、危険です。例えばある人が、「私は納豆が体にいいと思います」と言ったとします。それでその人が、納豆とご飯ばかり食べる。日にちが経つと、体の調子が悪くなったり、納豆がまずく感じたりする。それでその人は、自分の思いを改良する。例えば、朝だけ納豆を食べることにする、などです。宗教になると、この便利さがないのです。自分の信仰が正しいのか、間違っているのか、わかる方法はないのです。死ぬまで同じ信仰で踏ん張らなくてはいけないのです。日常生活において、何を思ってもそれほど大きい問題は起きないが、信仰に対する思いは、厳しく気を付けなくてはならないのです。

宗教思想という砂漠

経典は宗教信仰に対しては明確な分析をしています。『長部経典』の「梵網経《ぼんもうきょう》」では、六十二の宗教信仰を紹介しています。その教えの一部を見てみましょう。

「魂と身体は一体です」
「魂と身体は別々なものです」
「魂は無限の過去から常住していて、まったく変わらないものです」
「魂の過去は無限ではなく、ある時点で現われてそれから常住して変わらないのです」
「魂は死後永遠不滅になります」
「魂は死後ある一定の時間、常住してきれいに消えます」
「死と同時に魂も消滅します」

「魂とは、地水火風《ちすいかふう》が合成すると、二次的に現われるもので本来のものではありません」

「すべての物事の運命は、神の意志によるものです」

「すべての物事の運命は「定め」によるものです」

他の経典を読むと、ブッダの時代で実際にいたのは、六師外道《ろくしげどう》という言葉で知られている六人の宗教家です。このように彼らは互い違いの教えを説いていたのです。それから、ブッダはお答えにならないことが十項目ありました。それも宗教思想です。①魂と身体が同一なもの。②魂と身体が異なるもの。③生命は常住である。④生命は常住ではありません。⑤世界は（生命）有限である。⑥世界は（生命）無限である。⑦真理に達した人が死後、存在する。⑧真理に達した人が死後、存在しない。⑨真理に達した人が死後、存在すると同時に存在しない。⑩真理に達した人が死後、存在するとも存在しないとも言えない。

また、インドでは「行為に結果がある」と言う人も、「行為に結果がない」と言う人も、「行為は他の原因でさせられている」と言う人も、「行為は自分の意志で行なうものである」と言う人もいて、色々です。

では誰の意見が正しいのでしょうか。ブッダの時代では、「我の意見のみ真理で、他人の意見は間違っている」とよくケンカしていました。修行者たちは修行に励むのではなく、論争にふけっていたのです。結局は、みな証拠不十分なので、思い（妄想）に頼っていたのです。なんでも思えるから、複数の思いが表われるのです。誰も結論に至らないのです。もしも人が真理を知るために思いに、思考に、妄想に、頼ったならば、どういう結果になるでしょうか。無数の意見という森の中で、さ迷うことになるのです。これも正しいと思える、あれも正しいと思える、これは正しくないと思える、あれも正しくないと思える。このように、妄想だけで途方に暮れるのです。頭がいかれるのです。心の安らぎを得られないのです。生きる目的に達しないのです。

思いを超えた真理の世界

ブッダは「証拠があるなら結論に達する」という道を選んだのです。思考に頼ることはやめたのです。ブッダの語られる真理が事実か否かは、今ここで確かめられますと、説かれたのです。それは仏法の特色でもあります。宗教の真偽は死後理解できるのだという話を笑い飛ばしたのです。「もし死んでから、あなたが信仰した宗教が間違っていたとわかったら、どうしましょうかね。後の祭りではないでしょうかね」と周囲の反応に冷ややかでした。ところがブッダは、今ここで、生きている間、死ぬ前に、自分で自分の教えの真偽がわかるのだと明言したのです。

真理とは、一切の現象は無常で、苦で、無我であることです。また、その現象は因縁によって生まれて、因縁が変わるとなくなるものである、ということです。

思いに、妄想に、頼る人は、自分の感想が、または自分の希望が、真理だと勘違いするので、どうでもいい観念にしがみつくのです。無常を発見しないのです。心の汚れがなくならないのです。真理を発見した人が、悟りに達した人なのです。悟りに達した人には、「私はこのように思う」ということはないのです。一人ひとりの人間がもっている思いに悩むことも、万が一本当かもしれないという不安もないのです。陸上にいる私たちは、頭では地球が丸いとわかっていても、それは一つの信仰に過ぎないのです。しかし、事実に基づいた信仰なので、間違いはないのです。しかし、人が宇宙船に乗って、宇宙から地球を観察すると、「やはり地球は丸い」とわかるのです。それだけではありません。地球が自転している光景さえも見えるのです。宇宙飛行士は、地球が丸いと思っているわけではありません。地球が丸いと信じているわけでもありません。単純に地球が丸いと知っているのです。それを経験しているのです。その理解をどんな方法を使っても、変えることは不可能です。ブッダの説かれた真理を経験した人の心境は、宇宙飛行士と地球の観察の例えで理解できると思います。

イティバワーバワンタンのイティバワーバワ（itibhavābhava）は「このようにあったのではないか？ あのようにあったのではないか？」という理解の曖昧さを意味しています。自信がない、はっきりしない状態です。思い（妄想）に頼っている状態です。言い換えれば、疑です。悟りに達した人が、この優柔不断な状態を乗り越えているのです。

怒りが生まれない心境に達した人は解脱に達しているのです。

「真理に達した人は、この世もあの世も蛇が脱皮するように捨て去るのです」

VII

すべての言葉も考えも焼き尽くす

（第七偈）

自分の心の中でよくよく考えて

作り出した概念、想念を

焼き尽くした修行者は、

蛇が脱皮するように、

この世とかの世とをともに捨て去る。

ヤッサ　ヴィタッカー　ヴィドゥーピター
Yassa vitakkā vidhūpitā

アッジャッタン　スヴィカッピター　アセーサー
ajjhattaṃ suvikappitā asesā,

ソー　ビック　ジャハーティ　オーラパーラン
so bhikkhu jahāti orapāraṃ

ウラゴー　ジンナミワ　タチャン　プラーナン
urago jiṇṇamiva tacaṃ purāṇaṃ.

第六の偈で、思いについて説明しました。その偈は、思いから生じる様々な意見・邪見から、悟りに達した人が解放されているのだという趣旨でした。第七番目の偈は、思考そのものをテーマにして悟りの境地を詠っています。まず、偈の単語を分析して、意味を理解しましょう。

ヤッサ　ヴィタッカー　ヴィドゥーピター

〈ヤッサ〉誰かの
〈ヴィタッカー〉考えること
〈ヴィドゥーピター〉吹き飛ばした

ヴィドゥーピターは跡形もなく焼き尽くす、という意味で理解してもよいでしょう。色々な概念、想念、そういうものは一つもない、ということなのです。

アッジャッタン　スヴィカッピッター　アセーサー
〈アッジャッタン〉自分の心の中で
〈スヴィカッピター〉よくよく考えて考えて作った概念すべてを
〈アセーサー〉余すことなく
〈ヴィドゥーピター〉吹き飛ばした

この偈も悟りの境地を説明しています。人間の心の中では色々な概念があって、様々な考えに満ちています。その考え、いわゆる概念がすべて、心の中から消えてしまうのです。焼き尽くされてしまうのです。それでその人は、悟りという境地に至っている、ということなのです。

実体がなくても概念はある

現代思想では、ノミナル（nominal）とエッセンシャル（essential）という二つに分けて、概念を分析します。考えに何かの内容があるようなものはエッセンシャルで、内容がない概念はただの言葉に過ぎないので、ノミナルになるのです。

現代の哲学者は、このエッセンシャルの意味はない、という説をとっています。ブッダも同様です。概念とは、単なる概念で、それを代表する実体のある何かが存在するわけではない、ということです。例えば、スーパーマンというアメリカの映画シリーズがあります。映画を見ると、スーパーマンは人間に不可能なことをたくさんやっています。しかし、どのシリーズもなんの中身もない観念に過ぎません。スーパーマンが実在するわけではないし、あのような大胆なことをできる人もいません。普通の人間には、その能力がないことだけは、確かな事実です。それで、ありもしないことを「あって欲しい」と希望的妄想をする人が、スーパーマンを作り出したのです。これがノミナルの世界です。

「株は暴落している」という言葉は、私たちにとってはノミナルではありません。いわゆるエッセンシャルだと思えるでしょう。なぜならば、ブルームバーグ・チャンネルを見れば、株の値が下がっていることがわかるし、自分が株に投資していたならば、その金は跡形もなく消えていることも実感できます。スーパーマンの話とはわけが違うのです。これがエッセンシャルです。しかし、「概念はこのように二つに分けられません。概念はすべてノミナルに過ぎないのです」というのが仏教の立場です。そう言われると、みなさんは首をかしげることでしょう。

納得がいかないのは、無理もありません。なぜなら、人間は概念で生きているからです。概念がなければ生活できないのです。「私は日本人だ」「あなたはアメリカ人だ」といった概念がない世界を想像できますか。「あなたはどこに住んでいますか？」。この行には、あなた、という概念、どこ、という場所の概念、住む、という行為の概念があります。答える人が、「私とは何？　どことは何？　住むとは何？」と反応するならば、対話になりません。そこで人が、「私は東京都の〇〇区の〇〇町の〇丁目〇番地に住んでいます」と答えると、見事に対話が成り立ちます。これらはすべて概念なのです。概念だけではなく、日常生活を営む私たちにとってはエッセンシャルであり、いわゆる「確かな事実」でもあることです。

概念の実用性

確かに生きている上では、概念は必要な道具になります。存在しないと否定しても、概念を使わないことには事が運びません。ブッダは日常生活に必要な概念に対して、世間的言説《げんせつ》（loka vohāra）、施設《せせつ》（sammuti）、という単語を使っています。日常の生き方に役立つので、みんなで事実として合意している概念です。「真理は別」という意味です。これに対し、真理についてはサッチャ（sacca）という単語を使います。アビダルマでは、勝義《しょうぎ》（paramattha）と言います。

世の中の概念は、実用的であるだけなのでノミナルです。変わらない中身はありません。では、真理には中身があるのかというと、そう簡単には答えられません。「悟りに達する人は、真理も捨てるのだ」と説かれているのです。仏説では筏《いかだ》に譬えているのです。ノミナルということです。

「無常」とは真理です。しかし、無常という語は施設です。では無常という実体があるのかというと、そうではないのです。現象は無常である、ということです。独立して無常という何かが存在しているわけではないのです。因果法則は真理です。しかし、因果法則は独立して存在しているのではなく、現象は因果法則によって一時的に成り立つのだ、ということです。哲学はここまでにしましょう。

生きるためには、ある程度の概念という合意が必要です。車は道路の左側に走るべきだと概念を作ったところで、「左とは何か？　成り立たないのではないか？　今、左と言っている場所からちょっと離れたら、そこは右になるのではないか？　同じ場所でも左とも言えるし右とも言えるのではないか？」などと言っても、うるさいだけです。おとなしく、車を道路の左側に走らせれば、みんな助かります。問題は、この概念が実用性を破ってひとり歩きすることです。

概念の危険なひとり歩き

私たちは必要であるなしにかかわらず、概念を作っています。頭の中には概念がたくさんあるのです。勉強をする、仕事をする、などの行為をする場合も、次から次へと概念を作るのです。たくさん勉強をした人とは、たくさんの概念をもっている、という意味です。実用性を破ると、原子爆弾の造り方やら、大量破壊兵器の造り方やら、宇宙からでも地球上の敵を狙い撃ちにする方法やら、考えるのです。たくさんの財産をどのようにすれば独り占めにできるのか、他人に打ち勝つためにどうすればいいのか、なども考えるのです。

概念を作るときは、データに頼らないで感情に頼ります。それは断言的に危険です。怒りの衝動で考えたりすると、無差別殺人事件まで起こすのです。好きと嫌いの価値判断に基づいて概念を作ると、どのような結果になるのかと、第六偈でも説明しました。概念自体は中身のない観念に過ぎませんが、ある程度で生活には欠かせないところがあるから、ややこしくなるのです。人は概念に対して注意しません。気楽に使うのです。気楽に作るのです。考えること、妄想すること、想像することを、一つの楽しみにもしているのです。

心には絶えず概念を作る能力があるから、いったんその癖が付いたら、止まらなくなります。自分の観念の回転に閉じ込められたら、現実は見えなくなるのです。妄想が「実想」になるのです。嘘が事実になるのです。ツチノコを探しに行くのです。UFOが実在すると証明するために、必死になるのです。誰かが「天国からの手紙」というタイトルで、あなたの亡くなったおじいさんは、あなたのことをとても心配している、というと、びっくりしたり泣き出したり、見事に的中しているのだと思ったりするのです。死んだ人は生きている人を守っているという一般的な概念があるからです。死んだ人には、生きている人の周りをウロウロしている以外、他の仕事はないのでしょうかと聞きたいのですが、感情で概念を作る人には、通じない理屈です。概念が実用性を破ることほど、怖いものはないのです。感情が主導権を握るからです。

感情なら、なんでも考えられます。限りなく考えられます。考えれば考えるほど、感情が強くなります。さらに考えるはめになります。みんな無視していますが、考えるということは、心の働きです。考えることに時間がかかるのです。思考に閉じ込められたら、必要なことをする時間がなくなるのです。「忙しい、時間がない」という表現は、現代人の勲章のようです。正しく言えば、妄想ばかりをして必要なことをする時間が消えてしまった、ということです。時間がない、とは、論理的に成り立たない話です。一分間でどれくらいのことができるのかを、わかっているからです。人に一週間以内で百科事典を書いてくれとは誰も頼まないでしょう。私たちには十分時間があります。余るほどあるのです。しかし、思考に妄想に延々とふけっているので、時間の無駄遣いです。やがて、お風呂に入る時間もなかった、寝る時間もなかった、とわめくだけです。

概念の害

考えることの問題は、①現実が見えなくなる。仏教から見ればその人には無常の発見ができなくなります。②感情が主導権を握る。この場合は、必要なものを考えるのではなく、感情でああなって欲しい、こうなって欲しくない、などといった希望ばかり妄想して時間を無駄にして、無駄に生きることになります。③いったん思考に入り込んだら、止まらなくなる。精神的にいかれて病院に閉じ込められるところまでやってしまう。いわゆる思考中毒です。④無知から決して脱出できない。⑤何一つも問題に解決を見出せない。どうしよう、どうしようと妄想するだけで、終わるのです。⑥具体的に何かをやろうと行動を起こす場合もあるが、すでに行動を起こすべきときは過ぎ去っている。⑦煩悩（感情）が強くなる一方で、煩悩を脱出して解脱に達するという見込みがなくなる。解脱の妨げになる行為は、人間にとって一番危険で不幸を招くものとして仏教は評価するのです。⑧概念を事実だと思ってしがみつく。それを邪見と言います。したがって、概念にとらわれて考えることから脱出できない人は、いつまでも邪見の足かせにつながれたままです。

というわけで、悟りに達した人には概念がない、ということになるのです。それは実用的な概念も使わない、という意味ではないのです。悟りを開いたブッダが、人に説法しない気持ちになった話は、有名です。概念が消えた心のままでは、概念だけもっている人々と対話が成り立たないからです。しかし、説法することを決めてからは、世間に普通にある概念を駆使して、真理を見事に語られたのです。世の中で誰にも言葉で完全に語れないのに、ブッダは見事に、完全に、真理を語ってみせたのです。それだけではありません。知識人であろうが、普通の人であろうが、理解できるように、悟りに達せられるように、語られたのです。一切の概念を捨てたことで、一切の概念の長所も短所も知り尽くしたからこそできた、稀有な技なのです。

智慧に役立つ概念の話

これから、悟りに達したいと思っている人の役に立つように、概念に対する説明をします。言葉で考えていることだけが思考ではありません。概念は言葉に限ったものでもありません。概念は瞬時に心に起こるものです。何かを見たとしましょう。見た瞬時に、花だと思う。まず花の概念が生まれて、それから花という単語を付けるのです。瞬間の出来事です。見る、聞く、味わうたびに、概念が溜まるのです。認識作業は死ぬまで絶えず起こるのです。

何かを見る。ある人は、花だ、きれいだ、という二つの概念を作る。またある人は、花だ、普通だ、と二つの概念を作る。またある人は、花だ、○○の花だ、小さいのだ、大きいのだ、などの概念の連鎖を作る。同じものを見るカラスや猫やら他の動物は、おそらく人間と違う概念を作るでしょう。例えば毛虫には、餌でしょう。花ではありません。ミツバチには、職場でしょう。花ではありません。これで何が理解できるのでしょうか。

概念は認識する人によって、生命によって、変わる、ということです。概念自体が当てにならない、ということです。しかし、対象が心に反応を起こしたのです。何かのデータが入ったのです。そのデータを概念化したのです。自分の都合で、主観で、概念として合成したのです。合成したものは観念です。それから観念が外の対象と同一なのだと誤解するのです。例えば、世の中がきれいだから、欲が生まれたというでしょう。それは違います。世の中をきれいだと合成して観念にしたのだから、欲が生まれたのです。『スッタ・ニパータ』の第七七三偈には「欲の先頭は思考である」(imeva kāme purimeva jappaṃ)と説かれています。
　情報に誘惑されて欲などが生まれるのではなく、意で情報を処理する過程で欲などが生まれるのだと、瞑想実践でわかるのです。瞑想実践とは、見えた、聞こえたなどの認識を引き起こしたその対象を合成しないでありのままに観察しようとすることです。その人は、耳に触れたのは単なる音で、それを自分が歌声だと認識したからこそ、気分が良くなったと発見するのです。ありのままに観察すれば、概念は成り立たなくなるのです。

なぜ概念が起こるのか

問「これはなんですか？」
答「赤い座布団です」
問「座布団とはなんですか？」
答「座る道具です」
問「すべての生命はこれに座布団という概念を作るのでしょうか？」
答「…………」

問「このものは、魚にとっても座る道具なのでしょうか？」
答「いいえ、死ぬはめになる危険なものです」
問「正しいのはあなたの概念ですか？　魚の概念ですか？」
答「それぞれの立場によって、どちらでも正しいです」
問「では魚の立場から見た人間の概念は？」
答「正しくありません。まったくの勘違いです。魚にとっては座る道具ではありません」
問「人間の立場から見た魚の概念は？」
答「正しくありません。まったくの勘違いです。座布団は死ぬはめになる危険なものではありません。気持ちよく座れるものです」
情報に触れると、概念が起こります。しかしそれは、自分の都合により作られた概念であって、普遍的な真理にはならないのです。概念を機能で理解しておきましょう。座ることができるから、座布団です。食べることはできないから、ご飯という概念は起きません。山羊なら、食べられるから座布団を見て、餌という概念を作るでしょう。魚は死ぬから、座布団を見て触れて、この上のない恐怖感を覚えるでしょう。

このように、料理ができるから包丁という概念が起きますが、人を刺すために使うと凶器という概念に代わります。概念は固定したものではなく、流動的であることはわかるでしょう。実際に大事なのは、概念ではなく、機能です。概念だけ空回りすると、それがわからなくなるのです。概念に意味があると勘違いするのです。

概念にはまると邪見に陥る

関係について語った、マルティン・ブーバーという哲学者がいました。ブーバーは「私、あなた、それ／彼」という言葉を使って語ります。第一人称、第二人称、第三人称のことです。言語と、文法という概念です。次に、ブーバーはその概念に大事な機能があるという前提で、そこから巨大な哲学を作るのです。それで、私とあなた（I と you）といえば、何も切り捨てることのない包括的な関係だというのです。

私とそれ／彼（I と it or he）の場合は、大量の存在が関係からカットされています。要するに全存在から、ほんのわずかの一部との関係しか表現されないのです。それで彼が、you を神にする。切り捨てることのない完全な関係を表現するから、それでもって神は実在すると言おうとするのです。ドイツ語では、神を呼ぶときはDuを使います。よく見ると、神の存在を立証したのではなく、概念に意味があると勘違いしただけの話です。もしDu / youという単語がなかったならば、彼の哲学は壊れます。概念に意義があると思うと、簡単に邪見が生じるのです。立証していないにも関わらず、立証していると勘違いしてしまうのです。

概念に意味があるとするならば、龍は確実に存在するべきです。世の中の人々は、言葉があるからその言葉に適した存在もあるとまじめに思っているのです。しかし、概念とはノミナルだけです。機能が絡んでくると、実用的になるだけ。実用的ということも、その場しのぎのことです。包丁は料理をするときに必要ですが、お風呂に入るときは関係ないでしょう。割りばしは使う前に価値があるようですが、使い終わったらゴミという概念に変わるのです。

概念の感情漬け

次に理解して欲しいのは、概念に固定した価値があるという勘違いによって、私たちは概念に執着してしまう、ということです。概念には様々な感情・煩悩が絡んできます。概念のリストを言いますから、読んでみて下さい。富士山、リンゴ、ダイヤ、ウナギのかば焼き、コウモリの丸焼き、排泄物、香水、総理大臣。いかがでしょうか？　読み上げると様々な感情が生まれて消えたのではないでしょうか。これが解脱の邪魔なのです。概念と煩悩が、一心同体になっているのです。これが勘違い、ということです。悟りに達する人は、この問題を解決して、自由になっているのです。心に激しい妄想概念がないので、気持ちは穏やかなのです。忙しい、という焦りは微塵もないのです。のんびり生きているが、実際は人と比較にならないほど行動は早いのです。何一つ後回しにはしないのです。概念が心から消えたところで、言葉で言うならば、頭は空になったとも言えるし、智慧が完成したとも言えるのです。

頭の中で精密に作り上げている諸々の概念から、解脱者の心は自由になっているのです。考えること、思考・妄想・概念から解放された人は、悟りに達しているのです。

「真理に達した人は、この世もあの世も蛇が脱皮するように捨て去るのです」

VIII

感受して作り上げた主観を乗り越える

（第八偈）

行き過ぎることもなく後退することもなく、

現象の世界をすべて乗り越えている修行者は、

蛇が脱皮するように、

この世とかの世とをともに捨て去る。

ヨー　ナーッチャサーリー　ナ　パッチャサーリー
Yo nāccasārī na paccasārī

サッバン　アッチャガマー　イマン　パパンチャン
sabbaṃ accagamā imaṃ papañcaṃ,

ソー　ビック　ジャハーティ　オーラパーラン
so bhikkhu jahāti orapāraṃ

ウラゴー　ジンナミワ　タチャン　プラーナン
urago jiṇṇamiva tacaṃ purāṇaṃ.

〈ナーッチャサーリー〉行き過ぎでもない
〈ナ　パッチャサーリー〉後退することでもない

「ナーッチャサーリー　ナ　パッチャサーリー」で「前に行き過ぎでもない、後退することでもない」という意味になります。

〈イマン　パパンチャン〉この現象の世界を
〈サッバン　アッチャガマー〉すべてを乗り越えている

行き過ぎないこと（nāccasārī）

第五、六、七の偈の説明で、思考について説明しました。第八偈も思考の問題について、言葉を換えて説明しているところです。「行き過ぎない」「後退しない」と言えば、誰でも俗世間の立場で理解したがるのです。「何事でもやり過ぎは良くない」とよく言われることです。何もしないで引きこもることも、尻込みすることも、良くないに決まっている。

偉大なる悟りを開いたブッダが、誰でもよく知っていることばかりを説かれるならば、それほどおもしろいとは思わないでしょう。正覚者にふさわしい智慧の言葉をこの偈で語っているのです。

「蛇の経典」にある偈の一つひとつは、悟りの境地を詠っています。偈はそれぞれ独立していて、悟りの境地を完全に表現しているのです。ブッダはできるだけ表現を変えて、同じ真理を語るのです。用語にしても、一つの言葉にとどまることなく、いくつかの同義語を使うのです。それは人間の言語能力、理解能力と経験の差を配慮して、誰にでも理解できるように行なう表現方法です。同じ意味をたくさんの同義語で表現すると、聞いている人に言語能力がないとしても、わかっている単語が何か一つは見付かるのです。それを理解すればよいのです。知識人、哲人ならば、それぞれの単語を各思想家がどのように使用しているのかとわかるので、ブッダが表現したかった意味を間違いなく理解します。ブッダの話は理解できなかった、ということはあり得ないのです。しかし、自分の頭が良いためにあまりにも傲慢で、理解する目的もなく質問した場合の答えは、優れた知識人であっても理解できなくなる場合があります。言葉はわかるが、意味はわからない、ということになります。それはブッダが意図的に行なうことです。

行き過ぎとは、思考・妄想し過ぎ、という意味です。思考・思い・妄想自体は当てにならないと前に述べましたが、人間には思考も必要な道具なのです。思考がなくては日常生活が成り立たないからです。問題は、人々は思考をやみくもに使うだけで、思考の本質は理解しないのです。思考には、武器、毒、刃物、火、のようにとても危険な側面もあります。下手に使うと、決して良い結果にはなりません。正しい使い方を学んでおくと、思考は便利な道具になるのです。

というわけで、ここで説かれているのは、「考え過ぎは良くない」という意味になります。次の問題は、この「過ぎ」とはなんなのかということです。データ・情報に基づいて考えることもできるし、データがなくても思考だけを回転させることもできるのです。事実無根でただ考えることだけになると、その妄想の流れを止められなくなるのです。これは明らかに、考え過ぎ、ということになります。データに基づいて客観的に論理的に思考すると、結論に、答えに至ったところで、その思考の流れが止まるのです。

例えば、子供が数学の問題に挑戦するときは、答えを見付けたくて思考します。なんでもかんでも思考するのではなく、数学の理論に沿って考えるのです。答えが出たら、その作業は終わるのです。また思い出して頭で考えようとは全然しないのです。私たちは絶えず考えているが、何を考えているか、なんのために考えているのかはわかりません。問題をいっぱい抱えているような気持ちが、一つも答えを見出せないし、考えることで能力が低下する結果を招くのです。前にも言いましたが、たとえ妄想であっても、考える行為には時間がかかります。大事なことをしなくてはいけない時間まで妄想に費やすので、時間がない、忙しい、と焦ることにもなるのです。

役に立つ思考とは、様々なデータを論理的に組み合わせてみて、できるだけ良い結果に導くことです。しかし、たとえ具体的に考えることにしても、感情が割り込んだり、観念的になったりするのです。あるいは最初から結論を決め付けて、強引にその意見を立証しようとカラクリをするのです。人はなんの危険性も感じないで、このように考えたり妄想したりするのです。実弾を込めたピストルをもって、互いにふざけて戦争ごっこをやっているようなものです。それと同様に、根拠のない妄想は危険極まりのないものです。これが、「行き過ぎ」ということです。行き過ぎにならないためには、常に具体性、合理性、実用性という三原則を守らなくてはならないのです。もっとシンプルに言います。役に立つことを思考して、役に立たない思考はすぐさま止めることです。

知識に執着する人々がいます。知識人だ、いろんなことを知っているのだ、と喜んでいる人たちです。内心、自慢しているのです。何か問題が起きたら、その人に助けを求めるのは、当然のことです。しかしその人々は、あれこれと自分が知っている限りのデータをもってくるのです。みな頭が混乱して、どうすればいいかわからなくなるのです。それも「行き過ぎ」です。

アメリカが金融危機に陥ったとき、専門家が一日、二日も経たないうちにたくさんの論文記事を書きました。二日間でよくもこれほどデータを集めたものだとびっくりするくらいです。彼らは、合衆国が建国した時代から起きたすべての経済危機の状況を説明して、そのときに何をやったか、どのような結果になったか、などなど延々と説明するのです。次に、これくらい経験があるから、合衆国は安全だ、気にする必要はないのだ、見事に回復するのだ、と希望と感情から導き出された結論に達するのです。実際、何をするべきかという提言は、一行も書かれていません。百年前に事件が起きて、今も似たような事件が起きると、百年前の態度でいいのではないかと、思っているようです。

しかし、世界は変わるのです。百年前の経済危機と、今の経済危機は決して同じものではないのです。ですから、必要以上に過去のデータに振り回されると、具体的な答えが見出せなくなる。知識人、思想家たちは、簡単にこの「行き過ぎ」の落とし穴にはまるのです。過去のデータを参照するのは悪くありません。問題は現在に起きている解決策も、今生きている現代人がやらなくてはならないのです。ですから、合理性、具体性、実用性は必須条件なのです。

後退しないこと (na paccasārī)

パッチャサーリー（paccasārī）とは、問題に真っ向から直面しないで、逃げ回ることです。考え過ぎの人よりも、後退して逃げる人のほうが多いという気がします。人は巧妙に後退するのです。何か社会問題が起きたとしましょう。大胆に改革・改良しないと、問題は解決しない状況だとしましょう。しかし、今までの生き方を変えたくないのです。現状を維持したいのです。そのために、様々な言い訳をするのです。

例えば、ある会社が経営不振に陥ったとします。もしかすると経営方針を根本的に変える必要があるかもしれません。しかし、「戦後五十年間、この方針で経営してきました。これは日本独特の経営方針だ。アメリカと西洋のやり方は日本に合わないのだ」などと言い訳をして、問題はそのまま放っておくのです。

人は歳を取ると、外へ出たがらないものです。田舎に住んでいる老人は、たとえ健康状態が悪くなっても、かかる医者がいなくても、都会に住んでいる息子の家に移りたくはないのです。住み慣れた家で最期を迎えたいのです。大胆な変化に適応できる能力も衰えているし、住み慣れた家なら、落ち着きます。先が短いから、今さら苦労して都会生活に慣れたくはないと思っているのです。なぜこの譬えを出したのかというと、みな結局は同じだからです。会社に倒産の危機があるにもかかわらず、慣れた経営方針を変えたくないのです。

宗教の世界でも、後退現象があります。自分が信仰している宗教の教えは、迷信ばかりでなんの役にも立たないとわかっていても、百年、二百年前から信じてきた信仰だと思って、変えないのです。後退するために「これは私たちの歴史だ、伝統だ、私たちの文化だ、私たちの生き方だ……」と言うのです。また逆に、世界で誰もやっていないからやりたくない、といった理由も付けるのです。

もう一つ、後退の仕方があります。人が病的に妄想に閉じ込められている場合です。すると周りが見えなくなります。後でやる、そのうちやる、やりたいと思っている、などとの言い訳をして、妄想にふけって時間を無駄に費やすのです。あれもいいです、これもいいです、あれもやりたい、これもやりたい、などと妄想する優柔不断な性格も後退です。前に進まないことは、後退という意味なのです。自分が思考にふけっていても、世界は止まらないのです。自分の命も秒単位で減っていくのです。すべて絶えず変化している世界で妄想にふけるのは、後退することです。

さらにもう一つ、後退があります。人は勉強をしたり、仕事に励んだり、習い事に通ったりして、前進しようと努力するものです。前進とは、赤い絨毯が敷かれている道ではありません。厳しい上り坂です。そこで人は、ちょっとした問題に出会っただけで、学校で少々いじめられただけで、仕事が苦しかっただけで、辞めるのです。実は前に進む勇気がないこと、苦労に負けることも、後退なのです。

人とは煩悩のかたまりです。欲、怒り、無知の衝動で生きているのです。悪いことならば自然にやりたい、という気持ちを起こします。欲・怒りにかかわることでも進んでやります。無知を強化する世間話、無駄話などなら、何時間でも続けるのです。嘘を吐かない、殺生しない、怠けない、などの前進的な行為は、やりたくはないし、やろうとしても難しく感じるのです。俗世間の快楽におぼれることなら進んでやりたくなるのです。これが人間の精神的な後退なのです。堕落への道なのです。

現象(papañca)の仕組み

パパンチャ(papañca)とは、仏教の真理をすべてひと言で表現する単語です。仏教においては、とても大事なキーワードです。「世界はパパンチャであって、解脱・涅槃はニッパパンチャ(nippapañca)である」と説かれているから、どれほど大事な用語かが理解できると思います。この言葉の意味は、ブッダの時代では誰でも簡単に理解していたようです。ですから、経典の中で詳しい解釈・説明はありません。ブッダは自分が使用する用語に明確な定義と解説をなさるのです。注釈書では、さらに詳しく解説されています。しかし、注釈書が作られた時代になると、パパンチャの本来の意味は、よくわからなくなったようです。ちゃんと注釈はありますが、それを読んでも注釈の意味がよく通じないのです。

それでブッダの教えに忠実に、新たな、また現代人に理解しやすい注釈をすることにいたしました。現象という意味に達する前にまず、パパンチャ＝捏造《ねつぞう》だと、まず覚えておきましょう。では捏造の定義をします。捏造は妄想ではありません。妄想なら、なんでも妄想することはできますが、捏造は違います。捏造には、それなりのデータが必要です。しかし、データが不十分です。自分で自分の仮説を立証するためには、不十分なデータではまずいのです。それで、そのデータを捏造するのです。その場合は、あるデータの一部分だけを抜き出したり、都合の悪いデータを無視したりします。そうしなければ、自分の仮説は成り立たなくなるからです。

まだ発見していないにも関わらず、見付けたかのように、新たなデータを作り出す。ときにはもっているデータに対しても、過剰に解釈したり、ねじ曲げたりする。それが、「正しい捏造の仕方」です。簡単ではないのです。それから、なぜ捏造するのかというと、それは「自分の都合」のためです。

「正しい捏造」と冗談で言いましたが、捏造自体は正しいわけではありません。ごまかしです。自分の利益のために行なう不正行為です。ばれない限りは良いのですが、ばれたら大変です。すべて失って、不幸になります。ばれなくても、精神的に安らぎを感じることはできません。

ブッダが説かれる、パパンチャという捏造は、ある特定の専門家だけがやる行為ではありません。一切の生命が行なう行為なのです。生命とは、眼耳鼻舌身意で色声香味触法というデータを認識し続けることです。認識しないものは、物体です。生き物ではありません。それで一切の生命が必ず行なうことといえば、認識することです。この認識をする過程で、捏造してしまうのです。それは各生命が自分の都合で行なうことです。

具体的な説明に入ります。これは私が作った、仮定の物語です。人とカラスに向かい合わせに座ってもらいます。これからみなさんは両者を接待しなくてはいけません。まず死んで三日間くらい経っているドブネズミを豪華な皿に載せ、きれいなふたで被せて、両者の前に置きます。それだけでカラスも人間も「ご馳走だなぁ」という期待感を抱きます。「はい、どうぞ」と言って、ふたを開ける。では、人間とカラスの反応はそれぞれどうなるでしょうか？　仮定の話なので結果も書きます。

人間のほうは「なんて汚いものでしょうか。なんて失礼な人でしょうか。私を侮辱しているのではないでしょうか」と激怒するでしょう。食欲もなくなるでしょう。一方、カラスのほうは「なんてご馳走でしょうか。これはこの人間野郎に取られる前に摂ってしまわなくては」と思い、瞬時にパクッと食べてしまう。人間には、怒りが起こりました。カラスには欲が起こりました。では怒りと欲の原因は、死んだドブネズミでしょうか？　死んでいるものだから、人間に汚い顔を演じることも、カラスにご馳走という顔を演じることもできないのです。怒りと欲は、それぞれの生命の心で起きたのです。人間の都合で見ると、ドブネズミは臭いし、気持ち悪いし、不潔でしょうし、病気の原因にもなります。しかし、カラスは死んだものをなんでも餌にする生き物です。ネズミはご馳走です。不潔ではないし、気持ち悪いものでもありません。食中毒にもなりません。立派な栄養資源です。

眼の前にあった対象から、人間の眼にも、カラスの眼にも、同じデータが平等に入っています。同じデータを処理して認識する過程で、一人は気持ち悪い、不潔だという知識に、そして、もう一人はご馳走という知識に達したのです。両者とも実際に眼に触れたデータがなんなのかを知らないのです。知識だと知っているのは、自分の都合で捏造した結果です。これは誰にでも必ず起こります。試しに、ドブネズミをご馳走だと認識して下さい、と人間に頼んでも無理です。カラスも同じです。気持ち悪いと思いなさい、と頼んでも無理でしょう。

このようにすべての生命は自分の眼耳鼻舌身意に入る色声香味触法のデータをありのままに認識しないで捏造して認識するのです。生命は実際の世界を知らないのです。私たちはありのままの世界ではなく、「あって欲しい世界」を捏造するのです。わざと組み合わせて合成する知識なので、「現象」という単語が使えるのです。それで認識そのものが、捏造した結果になるのです。認識は知ることですが、正知ではなく、誤知《ごち》になっているのです。仏道とは、この誤知を正知になるように改良するプロセスなのです。

もう少々、捏造について説明します。おにぎりは食べ物ですか、と聞くと、人間の答えは「はい、そうです」になります。ライオンやトラに聞けば、「いいえ、食いものにはなりません」という答えです。ですから、「花はきれいですか?」という質問に、すべての生命が賛成する答えはありません。私たちが使う概念は捏造の結果で、誤知になるのです。誤知は嘘という意味ではありません。ただ主観で理解した、という意味です。嘘ではないが、真実でもないのです。

捏造は悪いのか？

今度は、あの人間とカラスの間で、「ドブネズミ死骸サミット」を行なったとしましょう。人間の発表は、ドブネズミの死骸は健康を脅かす、気持ち悪い物体であり、早く埋めるか燃やすべきだ、という内容です。カラスの発表は、ご馳走、ということになります。さらにカラスは「大事な食べ物を勿体《もったい》なく処分する人間がカラスにとっては悪人だ」とも言うでしょう。人間は反対に「カラスが自分たちの豊かな生活を邪魔している」と言うでしょう。いくらサミットをやっても、合意文書は書けないと思います。お互い、自分の意見が正しいと固執するため、相手の考えに対して怒り憎しみを抱きます。

というわけで、主観で瞬時に表われる捏造知識ですが、生命はそれが正しいと固執するのです。生命には、自分の生命のリミットを越えて何かを知ることが難しいのです。人の気持ちを理解したいとよくいうが、無理だと思います。親と子供が同じものを食べて「おいしいですね」と言っても、子供はどんな味を味わっているのか、親がどんな味を味わっているのか、わかったものではないのです。ただおいしい、という言葉で、互いに知っている気持ちになるだけです。女性の気持ちは男性にわからないし、男性の気持ちは女性にわからないし、理解しようと努力しても、あまり成功しないでしょう。

自分が知ることは正しいと、固執することも必ず起こるのです。窓を開けて外を見る。ビルばかりでおもしろくないと感じる。その感想は、その人にとっては正しいのです。その人に、窓の外はとても美しい風景だ、と感じさせることはできないのです。自分がまずいと思う食べ物は、他人が何を言ってもまずいのです。「我こそが正しい」という恐ろしい現象が必ず起こるので、捏造は悪いのです。私たちは、他人には言わない、自分でも思わないが、「我こそが正しい」というスタンスで生きているのです。ですから、怒りが表われるし、欲にも心が汚れる。対立、争いが生じる。悩んだり、落ち込んだりもする。思考のせいで、世の中にあるすべての問題、苦しみ、苦悩が生じるのです。戦争さえも、それぞれが「我こそは正しい」という思考の結果なのです。捏造は問題ばかり作るが、誰も自分の思考を変えたくはないのです。例えば北朝鮮のリーダーに「鎖国的思考をやめて日本と兄弟関係を築きましょう」と言っても、無理でしょう。だって、我こそは正しいから、どうしようもないのです。

仏教から見ると、真理はありのままに見えない、無常と因果法則の発見ができない、自我があるという邪見を破ることができない、心に煩悩が生まれることは止められない、悟りには達しないので、捏造（パパンチャ）は悪いのです。

悟りに達した人の心の中はどうなっているのかと、知りたいでしょう。私も他人のことを知らないので、説明は避けたいのです。しかし、前に紹介した仮定の物語で説明します。悟った人とカラスが向かい合って座ったならば、捏造を止めたからといって、悟った人が死んだドブネズミを均等に割って、カラスと一緒に仲良く食べる、ということはあり得ません。しかし、不潔だ、汚いのだ、侮辱しているのではないか、ふざけるのもいい加減にしなさい、など怒りの感情は一切ありません。ドブネズミの姿形を、朽ちた度合い、悪臭の度合いなどを明確に認識するでしょう。

牛はワラをおいしそうに食べて、高血圧も糖尿病もなく、健康でいるからと思って、人間もワラを食べると結果が異なります。消化ができません。人間の舌で、まずい、という味がするのです。体自体が拒否するのです。ですから、人間にとってはワラも食べ物だと捏造したら、困ることになります。ご飯は食べ物だと思ったほうが、人間の体には合うのです。悟りに達した人は、その区別を明確に知っているのです。

耳をもつすべての生命には、耳に音が入ることで聴覚が生まれます。しかし、人間はその音を音楽だと捏造して執着し、また、動物たちは単純にわけもわからない音だと捏造する。悟った人はそれを知っているのです。いわゆる真理、ありのままの状態を知りつつ、他人がそれを自分の都合で捏造して、捏造により煩悩を引き起こして苦しんでいることも知るのです。それから、どの程度の捏造ならば実用的な範囲か、ということも知っている。悟った人は、捏造の壁を破っただけではなく、捏造の次元を乗り越えているのです。

ですから、悟りに達した人は、実用的な、役に立つ思考以外はしません。行き過ぎることはないのです。もともと妄想がないから、妄想の中に閉じ込められて、前に進めないいま堕落することもないのです。すでにゴールに達しているのです。捏造の次元を乗り越えているので、この世に対しても、かの世に対しても執着がないのです。悟りに達した人はどんな人なのか、俗世間には理解不可能です。

「真理に達した人は、この世もあの世も蛇が脱皮するように捨て去るのです」

IX

すべては流れて変化しているだけ

（第九偈）

行き過ぎることもなく後退することもなく、

世界（存在）において

（一切は虚妄《こもう》である）と知った修行者は、

蛇が脱皮するように、

この世とかの世とをともに捨て去る。

ヨー　ナーッチャサーリー　ナ　パッチャサーリー
Yo nāccasārī na paccasārī

サッバン　ヴィタタン　イダンティ　ニャトゥワー　ローケー
sabbaṃ vitatham idan'ti ñatvā loke,

ソー　ビック　ジャハーティ　オーラパーラン
so bhikkhu jahāti orapāraṃ

ウラゴー　ジンナミワ　タチャン　プラーナン
urago jiṇṇamiva tacaṃ purāṇaṃ.

世間とは「すべての生命」

この偈が前と違うところは、「サッバン　ヴィタタン　イダンティ　ニャトゥワー　ローケー」という行だけです。

ローケーとは世間のことです。文法的には、「世間において」という意味になります。仏教語のローカ（loka）には物質世界という意味もありますが、生命がない宇宙は単純な物体なので「すべての生命」という意味でも、この言葉を使います。基本的には、生命には住む場所が必要なので、二つまとめてローカ世間というのです。私たちは今も同じニュアンスで、この言葉を使っています。「今の世間では」という場合は、今生きている人間、という意味も、私たちが生きている世界、という意味も入っているのではないでしょうか。

サッバンは「一切、すべて」です。合わせると、「すべての世界」という意味になります。

ヴィタタンの語義は「嘘」です。それは言葉だけで中身がなく、意味をもちませんから、「現象の世界は幻想であって、実体はない。真理・事実ではない」という意味で、一般的に使っているのです。

イダン（idaṃ）とは、これ（this）という意味です。行をまとめると、「このすべての世界においては、実体がない」ということになります。「この」は単純な関係代名詞ではないのです。修行者は現実を観察するのです。過去の物事も、これから現われるだろうとされる将来の現象も、観察しないのです。それは観察ではなく、思考することになるのです。思考は危険で、真理に導かないものであると、前に説明しました。

ですから、修行して解脱に達したい人は、過去も未来もさておき「今・ここ」の現実を観察しなくてはいけないのです。そこで、修行者が、「この」世界に実体がない、と発見するのです。今実体がないと発見しても、過去において実体があったのではないかと、理屈を付けるかもしれません。しかし、それは成り立ちません。実体というものが過去にあったならば、現在においてもそれは消えないのです。消えるものには実体がないのです。「では、将来において実体が現われたらいかがでしょうか」という理屈も言えるのです。

しかし、それも成り立ちません。実体とは、変わらないものです。ある日突然現われたならば、そこにはそれなりの原因で現われることで、突然現われたものは突然消えるでしょう。現われるものであるならば、実体ではないに決まっているのです。というわけで、今・ここにおいて、この世に実体がないと発見することで、普遍的に実体が成り立たないという真理を発見したことになるのです。

ニャトゥワー（ñatvā）とは、「知る」という動詞の連続体です。「知って」という意味になります。これは、私たちの「知ること」とは違います。正知のことなのです。「智慧で知って」と理解すれば簡単でしょう。

実体とは？

音を聞いて、「音楽だ」と捏造（パパンチャ）しても、実は「音」です。捏造を別な角度で表現しているのです。音とは、瞬間瞬間変化する空気の振動に過ぎません。でも、音楽を聴いて喜んだり、泣いたり、感動したりするでしょう。その音楽に執着したり、アーティストの追っかけになったりするでしょう。そのような人には、音楽は実体なのですね。しかし、空気の振動に振り回されただけで、音楽という実体があるわけではないのです。空気の振動は、耳がある生命が、自分たちの世界の中で、自分たちの都合によって捏造するだけです。空気の振動は無常なので、瞬時に消えてしまうのです。実体があるならば、消えないはずです。眼耳鼻舌身意の認識作用に対して、（音を音楽に捏造することと同様に）実体があると捏造して、世間がある、人々がいる、などと思うのです。それに執着するのです。

世間のことよりも重い問題は別にあります。私たちは、自分自身が確実に実体としている、と思っています。自分がいる、という実感は、誰にでもあることです。しかし、なんのこともないのです。感覚のことを勘違いしているだけです。耳は音を感じる。「私が聞いた」と捏造する。「私が感じたから、実感がある」と固く信じる。眼は色形を感じる。「私が見た」と捏造する。実際に眼で感じたのだから、実感がある。同様に、鼻で香りを感じる。舌で味を感じる。体で感触を得る。意で様々な概念を感じているのです。それを「私が嗅いだ、私が味わった、私が感じた、私が考えた」ということにするが、それは観察の結果ではないのです。起きた出来事は、色声香味触法を感じた、だけのことです。感覚も瞬時に変わる。情報が触れなかったら、感覚も起きません。

感覚とは、感覚器官に情報が触れるから起こる現象です。それは、「私」という実体ではないのです。瞬時に消えることに対して、永遠に変わらない私がいると思うほど邪見なことはないのです。世界と私とは、夢で食べるご馳走、蜃気楼のようなものです。何かあるようで、実際はないのです。夢でご馳走を食べるときも、何か食べているようで、実際は何も食べていないのです。蜃気楼を見る場合も、水溜まりのように見えるが、水はないのです。いくつかの原因がそろって、その幻想を作り出すのです。原因が変わったら、幻想も消えるのです。その上私たちは、認識するという作業においても、データを捏造して「無い」ものを「有る」がごとく幻想を作るのです。このカラクリを、修行する人は破るのです。

自分という存在に対しても、認識する外の世界に対しても、なんの実体もない現象に過ぎないのだと智慧で発見する人は、真理を発見するのです。解脱に達しているのです。

「真理に達した人は、この世もあの世も蛇が脱皮するように捨て去るのです」

X

行き過ぎることもなく、後退することもなく

（第十偈から第十三偈）

行き過ぎることもなく後退することもなく、

〔世界（存在）において〕一切は虚妄であると知って、

貪欲を離れた修行者は、

蛇が脱皮するように、

この世とかの世とをともに捨て去る。　　　（第十偈）

ヨー　ナーッチャサーリー　ナ　パッチャサーリー
Yo nāccasārī na paccasārī,

サッバン　ヴィタタミダンティ　ヴィータローボー
'sabbaṃ vitathamidan'ti vītalobho;

ソー　ビック　ジャハーティ　オーラパーラン
So bhikkhu jahāti orapāraṃ,

ウラゴー　ジンナミワ　タチャン　プラーナン
urago jiṇṇamiva tacaṃ purāṇaṃ.

行き過ぎることもなく後退することもなく、

〔世界（存在）において〕一切は虚妄であると知って、

愛欲を離れた修行者は、

蛇が脱皮するように、

この世とかの世とをともに捨て去る。　　（第十一偈）

ヨー　ナーッチャサーリー　ナ　パッチャサーリー
Yo nāccasārī na paccasārī,

サッバン　ヴィタタミダンティ　ヴィータラーゴー
'sabbaṃ vitathamidan'ti vītarāgo;

ソー　ビック　ジャハーティ　オーラパーラン
So bhikkhu jahāti orapāraṃ,

ウラゴー　ジンナミワ　タチャン　プラーナン
urago jiṇṇam iva tacaṃ purāṇaṃ.

行き過ぎることもなく後退することもなく、

〔世界（存在）において〕一切は虚妄であると知って、

瞋恚《しんに》を離れた修行者は、

蛇が脱皮するように、

この世とかの世とをともに捨て去る。　（第十二偈）

ヨー　ナーッチャサーリー　ナ　パッチャサーリー
Yo nāccasārī na paccasārī,

サッバン　ヴィタタミダンティ　ヴィータドーソー
'sabbaṃ vitathamidan'ti vītadoso;

ソー　ビック　ジャハーティ　オーラパーラン
So bhikkhu jahāti orapāraṃ,

ウラゴー　ジンナミワ　タチャン　プラーナン
urago jiṇṇam iva tacaṃ purāṇaṃ.

行き過ぎることもなく後退することもなく、

〔世界（存在）において〕一切は虚妄であると知って、

無知を離れた修行者は、

蛇が脱皮するように、

この世とかの世とをともに捨て去る。　　　**（第十三偈）**

ヨー　ナーッチャサーリー　ナ　パッチャサーリー
Yo nāccasārī na paccasārī,

サッバン　ヴィタタミダンティ　ヴィータモーホー
'sabbaṃ vitathamidan'ti vītamoho;

ソー　ビック　ジャハーティ　オーラパーラン
So bhikkhu jahāti orapāraṃ,

ウラゴー　ジンナミワ　タチャン　プラーナン
urago jiṇṇam iva tacaṃ purāṇaṃ.

貪欲を離れた(vītalobho)

十三番目までは、ほとんど同じ偈を少々変えるだけで成り立っているのです。その代わった単語だけ、説明しておきましょう。

妄想するという行き過ぎもなく、快楽におぼれるという後退もなく、物事をありのままに客観的に観察する修行者は、この世を実体のない幻想であると発見する。それから、心に貪欲が現われなくなるのです。欲とは、見たもの聞いたものなどがとても価値のあるものだと、欲しいのだ、と起こる感情のことです。例えば、金だと思って欲しいという気持ちが起こったとします。しかし、それが金ではなく、ただの金モールだとわかったら、欲しいという気持ちは消えるでしょう。また「これは千五百万円の価値があるダイヤが付いている指輪だ」と言われてプレゼントされたものが、実はガラス玉だったとわかったら、なんの欲も生まれないでしょう。やはり「欲しくない」と言うでしょう。これからも、その指輪を何回見ても、決して欲が生まれないのです。

欲が二度と生まれないようにするためには、一切の世界は実体のないものだと発見することが必須条件なのです。妄想・思考にふける人には無理です。

愛欲を離れた（vītarāgo）

ヴィータラーゴーのラーガ（rāga）もヴィータローボーのローバ（lobha）も意味が同じだと理解してもかまいません。ニュアンスは微妙に変わりますが、それほど気にする必要はありません。ローバとは「あれもこれも欲しい」という意味で、ラーガは愛欲であると、区別しておきましょう。肉体に起こる欲情を区別する必要がある場合は、ラーガという言葉を使います。一般的には、ローバという単語を使うのです。世界は実体のない幻想であると発見した人の心には、愛欲が生まれないのです。

瞋恚を離れた（vītadoso）

ものに実体があると誤解する人には、欲だけではなく、怒りも起こるのです。だいたいは欲を満たせないときに起こる感情が怒りです。おいしいと思って食べたものが、まずかったならば怒りが生じるのです。やさしいと思って結婚した男がやさしくないとわかったら、けっこう怒るのです。落ち込むことも怒りです。ものに実体があるのだと、勘違いするから怒りが生じるのです。人が「あなたはバカです」と言う。それを聞く私が、その言葉に意味があると思ったならば、本気で怒るのです。なんの意味ももたない、瞬時に消える音だと知ったならば、怒りは生まれないのです。

無知を離れた（vītamoho）

無知は欲と怒りを作る感情です。なぜデータをありのままに見られないのかというと、その能力がないからです。観察能力、集中力がないからです。無知だからこそ、データを捏造するのです。無知だからこそ、いっぱい妄想するのです。やり過ぎになるまで妄想するのです。快楽をむさぼるのです。実体はないと発見することは、無知ではなくなったことを意味するのです。

XI

悪は根本から取り除くべきもの
（第十四偈）

潜在煩悩が一つもなく、

不善の根を殲滅《せんめつ》した修行者は、

蛇が脱皮するように、

この世とかの世とをともに捨て去る。

ヤッサーヌサヤー　ナ　サンティ　ケーチ
Yassānusayā na santi keci,

ムーラー　アクサラー　サムーハターセー
mūlā akusalā samūhatāse,

ソー　ビック　ジャハーティ　オーラパーラン
so bhikkhu jahāti orapāraṃ

ウラゴー　ジンナミワ　タチャン　プラーナン
urago jiṇṇamiva tacaṃ purāṇaṃ.

〈ヤッサ〉誰かに
〈ケーチ〉何一つも
〈アヌサヤー〉潜在煩悩
〈ナ　サンティ〉ない（ならば）、
〈ムーラー　アクサラー〉悪の根源
〈サムーハターセー〉殲滅したならば

この偈では潜在煩悩と悪の根源という二つの法門を紹介しているのですが、この二つの語の意味は同じであると理解してもかまいません。

パーリ語の単語では、アヌサヤー（anusayā）は、寝ている、待ち伏せしている、潜んでいる、という意味です。煩悩という意味は直接は入っていませんが、心の中に巧妙に潜んでいる煩悩ということで、潜在煩悩と訳されるのです。

人のことはわからない

ときどき我が子であっても何者かとわからない場合があります。びっくり動転するようなこともします。他人のことなら言うまでもありません。マスコミでは、何か犯罪が起きたら容疑者の周りの人々をインタビューして回ります。記者の原稿を読み上げているわけではないと思うならば、みなほとんど同じ感想をもらすのです。

「とてもいい人でした。活発な人でした。仲のいい家族でした。仕事ぶりはまじめでした。とてもそんなことをする人には見えませんでした……」

私は当たり前のことだと思います。家族の誰か、学校の仲間、会社の仲間の中で、犯罪を起こす人がいると誰も思わないのです。親にわかりますか、自分の子は大人になって犯罪者になるのだと。

他人のことを気楽に分析して、わかったふりをするのも危険だと思います。その同じ問題が、私たち一人ひとりにもあります。ですから、言葉を換えましょう。

「私は将来、痴漢をするか、しないかはわからない。将来、ケンカをしたり他人にけがをさせたり、人を殺したりする人間になるかならないかはわからない」。このように思っていたほうがよいのです。なぜならば、そのような人間に絶対なりたくないと気を付けるからです。試しにこの質問にまじめに答えてみましょう。「あなたは次、何日の何時に怒るのですか？」このような質問は、けっこう作れます。「あなたが旦那さんのことを嫌になるのは、何年経ってからでしょうか？」「結婚生活は何年過ごしてから、離婚を考えるのでしょうか？」「何歳になったら、あなたの子供は無免許運転をして事故を起こすのですか？」などです。悪いことばかり聞くと怒られそうですから、良い質問も一つ入れます。「あなたは何年に、宝くじの一等賞が当たる予定ですか？」。これらは答えがない質問ではありません。答えは「さっぱりわかりません」です。

心の動きは普通の人々にはわからないのです。明日どうなるのか、という心配は、あまり適切ではありません。それより、明日自分の心はどのような状態になるのか、ということを心配したほうが適切です。誰にもわからない心の流れについて語られたのだから、ブッダの教えこそ人間にとっては最も優れた福音になるのです。対象に触れるたびに、認識が生まれるのです。この認識の中に、煩悩という感情が入り込んでいるのです。これも一般人にとっては不確定に見えるのです。

例えば、今日ケーキを食べて喜んだ人が、明日同じ時間にケーキを食べることになったら、また喜ぶかもしれませんし、おもしろくない気分になるかもしれません。我が子の顔を見て、楽しくなることもあるし、うるさいと思うこともあるのです。そのようなことを観察すると、不確定に感情が起こるように見えます。しかし、ブッダがどのようなアプローチで対象を認識すると貪瞋痴の感情が生まれるのかと説かれたので、私たちにはアプローチを変えることで危険な感情が起こらないように制御できるのです。

心は学習する

何かを繰り返し行なうと、それに慣れてしまいます。勉強するとき、技術・芸術を習うとき、心の学習機能を使用しているのです。しかし、心の学習機能はいいことずくめではありません。何回も繰り返し怒ると、怒りに慣れてしまいます。何が起きても、瞬時に怒りだす人間になるのです。勉強・仕事など、私たちがしなくてはいけないものに対して、何回か繰り返し、おもしろくない、という気持ちが生じたら、無知になってしまう。勉強・仕事などはできなくなるのです。

怠けも同じことです。思考・妄想にも、同じ学習機能があるのです。欲の妄想を続けると、貪欲に染まった、頭がいかれた人間になるのです。怒りの妄想にふけると、犯罪を引き起こしてしまうところまで、頭がおかしくなります。

このように、私たちの行為によって心が何かを学習するので、人それぞれに色々な癖が付き、それが性格になっていくわけです。

生きることは今世だけに限った、一回きりのものではありません。過去があるのです。仏教では「無始なる過去」と呼んでいます。生命の癖・傾向性は、過去から築かれたものです。現在だけを考えても、私たちに自分の癖・傾向性はよくわからないのです。過去世の学習も、現在の生き方に影響を与えている、というと、それは人間には発見することは不可能なことになるのです。

こういうわけで、人のことはよくわからないだけではなく、自分自身のことさえもよくわからないという結果になるのです。絶えず変わる環境に、私たちはこれからどんな対応をするのかは、そのときにならない限りはわからないものです。その危険性を前もって知っておけば、不幸になる対応、罪になる対応を避けることはできるのです。しかし、完全に安全だとは思わないほうがよいのです。

潜在煩悩

生命の心に潜んでいて、待ち伏せをしていて、突然、悪行為をしてしまう犯人は、潜在煩悩なのです。この煩悩は、巧妙に潜んでいます。子供の鬼ごっことは違います。潜んでいる煩悩を人に発見できるならば、潜んでいる、潜在しているとはいえません。心の潜在煩悩を読み取る能力は、ブッダにしかないのです。正覚者であるブッダには、他の聖者たちより優れた能力がいくつかあったのです。それは十のリストにされ、十力と呼ばれています。その一つは、生命の心に潜んでいる潜在煩悩を読み取れる能力です。それをするためには、当人の過去世を長い時間遡《さかのぼ》って観察する必要があります。ブッダには、瞬時に人々の過去を見られる能力も備わっていたのです。

潜在煩悩といっても、普通に説かれている煩悩と違うものではありません。同じ煩悩です。対象に触れたら、簡単に素早く現われる煩悩です。簡単に表に出るために、煩悩が舞台裏でスタンバイしているのです。人が湖に釣りに行ったとしましょう。深い湖なので、どのような魚がいるか、よくわからないのです。釣り糸を水に投げて待っている。どんな魚が餌に食い付くでしょうか？　わからないでしょう。しかし、一匹の魚が食い付く。それは湖に住んでいる希少な魚ではなく、数多くありふれている魚の一匹です。餌を待ち構えているといえば、その魚たちが多数派です。

私たちは毎日、様々な情報に触れる。それらを認識して、感情を引き起こす。どんな感情を引き起こすのかというと、心の中で、表に出たくて待ち構えていた感情なのです。人による差は、ここにあります。何かを失敗したらやる気も自信も失って引きこもる人もいるし、失敗したら悔しさを覚えて頑張って必ず成功を収める人もいる。人の悪口・批判などは微塵も思わないで笑い飛ばす人もいるし、ちょっとした言葉でひどく傷付く人もいるのです。それをわかればなんとか安全に生きられるので、潜在煩悩のリストを紹介します。『中部経典第十八経』の「蜜丸経《みつがん》」には七つあります。①カーマラーガ（kāmarāga）＝愛欲、②パティガ（paṭigha）＝怒り、③ディッティ（diṭṭhi）＝見解、④ヴィチキッチャー（vicikicchā）＝疑、⑤マーナ（māna）＝慢、⑥バワラーガ（bhavarāga）＝生存欲、⑦アヴィッジャー（avijjā）＝無明。

この世の中には色々な人々がいます。グルメでおしゃれで異性と戯れたがる人がいます。「愛欲」の煩悩が機能しているのです。いつでも怒ったり悲観主義になったり、なんでも批判する傾向が強く身だしなみをまったく気にしない人の心には「怒り」が機能しています。あれもこれも余計に考えたり、自分の意見にしがみついたり、他人の考えに心を閉ざしたりする人の心の中には、「見解」の煩悩が機能しています。

なんでも疑ったり、なんの意見ももつことができなくて、結論に達する能力がなく、曖昧のままでいる人の心に機能するのは、「疑」の煩悩です。我が強くて負けず嫌いで、リーダーになりたがるような人の場合は、「慢」の煩悩が機能しています。ですから傲慢な人はわかりやすいのです。死ぬことに余計におびえたり、健康のことを異常に気にしたり、神様や阿弥陀様にすがったり、死後、永遠の天国を期待したりする人々の衝動は、「生存欲」の煩悩が機能しています。自分の意見、生き方などは一つもなく、言われる通りに生きている、誰かの子分になることで落ち着く、判断能力に欠けている、インスピレーションやアイデアというものはほとんどない。想定外のことが起きたら途方に暮れる、そういう人は「無明」の煩悩に汚染された心で生きているのです。

このように説明すれば、人を観察するとその人の衝動を駆り立てる煩悩を発見することができます。しかし、それらは潜在煩悩ではありません。それは私たちに発見できるものではないからです。潜在煩悩は発作的に突然起こるものだと思いましょう。今までおとなしく生きていた人が突然、なんの前触れもなく思いもよらない罪を犯したら、それは潜在煩悩が顕在煩悩になったということです。待ち伏せしている人が、相手を攻撃する瞬間、表に出るのです。潜在煩悩が顕在になったら、誰でもわかります。でも、もう遅いのです。手の打ちようがないのです。ですから、初めから自分は自分の心のことは全然わからないと、深く注意するしかないでしょう。

仏道を歩んだり、慈悲の瞑想や観察瞑想などを日々行なったりすると、それを心が復習するので、顕在煩悩も潜在煩悩も機会を失って、現われないようになるのです。出番を待ってスタンバイしている煩悩に全然出番が出てこない場合は、弱くなるのです。釣りの例えをもう一度使ってみましょう。釣り人がたくさんいる魚の餌ではなく、希少な魚の好物を餌にして釣り糸を投げたら、希少な魚が食い付く可能性があるのです。仏道を歩む人は、煩悩ではなく、希少な智慧を開発しようと努力するのです。

悪の根源

修行者の心から、潜在煩悩が跡形もなく消えたならば、なんの悪行為も犯さない人になるのは当然のことです。貪瞋痴は悪の根源であると、ブッダが説かれています。十種類の煩悩であろうが、七種類の潜在煩悩であろうが、わかりやすく省略すると貪瞋痴になるのです。潜在煩悩もなくし、悪の根源も取り除いたというのは、二度と汚れないように、心を完全に清らかにして、悟りに達したという意味です。

心の表で機能している悪も、隠れて機能している悪も取り除いた人は、悟りに達しているのです。

「真理に達した人は、この世もあの世も蛇が脱皮するように捨て去るのです」

XII

「もう一度やり直したい」という心残りをなくす

（第十五偈）

生まれ変わることの縁になる煩悩が

何一つないならば、その修行者は

蛇が脱皮するように、

この世とかの世とをともに捨て去る。

ヤッサ　ダラタジャー　ナ　サンティ　ケーチ
Yassa darathajā na santi keci

オーラン　アーガマナーヤ　パッチャヤーセー
Oraṃ āgamanāya paccayāse,

ソー　ビック　ジャハーティ　オーラパーラン
so bhikkhu jahāti orapāraṃ

ウラゴー　ジンナミワ　タチャン　プラーナン
urago jiṇṇamiva tacaṃ purāṇaṃ.

この偈は、別な言葉を使用して、煩悩をなくして悟りに達した人の心の状況を詠っています。

ダラタジャーのダラタ（daratha）は、「疲れる、不安、悩、患悩」という意味ですから、ダラタジャーは「疲れ、不安、患悩から生まれたもの・起きたもの」となります。注釈書によれば、渇愛（taṇhā）です。

オーランは、こちら・あちらと場所を示す場合の「こちら」という意味です。「また戻ったのか」というニュアンスで、堕落を意味します。結局は「輪廻転生」ということになります。

〈アーガマナーヤ〉戻ってくる・帰還するために
〈パッチャヤーセー〉原因になる
〈ナ　サンティ　ケーチ〉何一つもない

この世にまた戻ってこなくてはいけない原因になるもの、つまり渇愛が、悟りに達した人には跡形もない、という意味です。

疲れも色々

まず私たちがよく知っている「疲れ」から始めましょう。「疲れた」と言えば、まず体のことでしょう。肉体は簡単に疲れる。仕事はできなくなる。疲れた人はどうしますか？　やるべき仕事をいったん止めて、休むでしょう。しかし、後でやらなくてはいけないのです。ですから、気持ちよく休むこともできないのです。仕事を完了することができなかったから、合格ではなく、失格なのです。残りの仕事を続ける必要があるのです。

心も疲れるのです。難しく考えなくてはいけないことを考えたりすると、難しい本を読んだり、理解し難い講義を聞いたりすると、疲れるのは体ではなく心です。しかし心は体に瞬時に影響を与えるので、私たちは体の疲れだと勘違いするのです。では心が疲れたらどうしますか？　その場合も休むのです。別なことをしたり、おもしろいゲームでもやったりするのです。

ほとんどの人々は、心が疲れると睡魔に襲われます。しかし、理解すべきところをまだ理解していないから、仕事は残ったままです。気持ちよく遊んだり、寝たりすることができないのです。失格です。やり直さなくてはいけないのです。

では仕事を完了したとしましょう。仕事によって体が疲れたり、または心が疲れたりするはずです。しかし完了した時点で、あの疲れが瞬時に吹っ飛びます。「やったぞ」という気分になります。仕事を終わってから休む計画があったにもかかわらず、そんな気にもならなくなる。楽しいのです。合格したのです。終わったのです。

生命としての疲れ

煩悩があるから、生命は輪廻転生します。「生きる目的」などないのです。煩悩に「渇愛」という言葉も使いますから、精神的に渇いた状態になります。何かをしなくてはいけないことになるのです。その「何か」が、「生きること」なのです。ご飯を食べたり、遊んだり、仕事をしたり、呼吸をしたり、色々やっています。しかし、終わりがないのです。また、やらなくてはいけないのです。いつまで経っても、生きるという仕事には終わりがないのです。相当疲れるのです。この場合も、生きている生命は休むが、その休み方が問題です。わざわざ堕落する行為をするのです。わがままになったり、罪を犯したり、快楽にふけったりするのです。幸福になることは一つもしないのです。犯罪を起こしたり、人を殺したり、自傷行為をしたりする人々は、相当疲れていることはみなさんもよくわかるでしょう。それは煩悩から生まれる疲れなのです。

欲にいくら栄養を与えても、満たされることはないのです。さらに欲が増えるだけです。怒りも同じで、怒っただけでは済まないのです。怒ったらさらに怒るのです。怒りの炎がどんどん燃え上がって、管理できない状態になるのです。無知を無知のままで放っておけば、無知度がどんどん強くなるだけです。仕事から生まれる疲れは、仕事をするときだけですが、煩悩から生まれる疲れは、常にすべての生命にあるのです。誰一人として、精神的に安らぎを感じないのです。生きることにおいては、試しにでも「やったぞ。終わったぞ。成功したぞ」とは言えないのです。観察能力のない私たちは、あまりにも鈍感で気付きませんが、煩悩の疲れによって、精神的に苦悩しているのです。

疲れたらやり直し

仕事に疲れたら仕事のやり直しになるのと同様に、生きることに疲れたら生きることが中途半端になるので、またやり直さなくてはいけないのです。死ぬだけでは終わらなくなるのです。死ぬ間際の人に聞けば、やりのこしたこと、もっとやりたかったこと、一度でもやってみたかったことが、いっぱいあるはずです。やりたいことをすべてやる前に、時間切れで、老いて死ななくてはいけないのです。寿命は短いが、やりたいことは無限にあるのです。短い人生なのに、無意味に煩悩に燃料をあげるだけの生き方をしているから、結局は無駄に生きたことになるのです。やり直すはめになるのです。死ぬ人々は、また生を構成するのです。新たに生まれても、同じパターンで生きるから、また人生は中途半端です。それで死んだら、またやり直しです。これが解脱に達するまで、無限に続くのです。

仏道を歩む人は、生きることの疲れである「渇愛」を根絶するのです。疲れが完全に消えるのと同時に、智慧も完成するのです。やったぞ、終わったぞ、終了したぞ、生きる目的に達したぞ、やり直さなくていいんだぞ、なすべきことをなし終えたぞ、という究極的な安楽・安穏を感じるのです。この勝利宣言は、経典の至る所に記されています。

「真理に達した人は、この世もあの世も蛇が脱皮するように捨て去るのです」

XIII

生きるとは渇愛の樹海に迷うこと
（第十六偈）

この世につなぎ止める存在の原因、煩悩が

何一つないならば、その修行者は

蛇が脱皮するように、

この世とかの世とをともに捨て去る。

ヤッサ　ワナタジャー　ナ　サンティ　ケーチ
Yassa vanathajā na santi keci

ヴィニバンダーヤ　バワーヤ　ヘートゥカッパー
vinibandhāya bhavāya hetukappā,

ソー　ビック　ジャハーティ　オーラパーラン
so bhikkhu jahāti orapāraṃ

ウラゴー　ジンナミワ　タチャン　プラーナン
urago jiṇṇamiva tacaṃ purāṇaṃ.

また別な単語で、煩悩をなくした聖者の悟りの境地を詠っているのです。ワナ（vana）の元の意味は、「森、林」です。仏教用語では「欲望」になります。ワナタになると、「かなり巨大」という意味が加わり、ワナタジャーになると「欲望から生まれた結果」となります。苦悩のことです。

ヴィニバンダは「拘束されている」という意味です。逃げたいが、足を鎖で何かにつながれている状況を想像して下さい。「襲いかかってくる」という意味もあります。「ヴィニバンダーヤ　バワーヤ」で「存在・輪廻転生に束縛されている、逃げたくても逃げられない状態にいる」という意味になります。

ヘートゥカッパーは「原因になるもの・原因」です。

修行者は、自分を輪廻につないでいる鎖を壊しているのです。輪廻の苦しみが、再び襲いかかることはできなくなるのです。

ジャングルは怖いところ

本当に、ジャングルは怖いところです。獣は体が大きくても巧みに身を潜めているから、どこから襲いかかってくるかわかりません。猛毒の蛇は枯れ葉の中にいるから、うっかり踏んでしまうと、踏まれた蛇ではなく踏んだ側の人間の命がなくなります。蟻などの虫にも気を付けなくてはなりません。病原菌をもっている虻や蚊は、どこからでも襲ってきます。人間にとっては、安心できる快適な場所はどこにもありません。というわけで、ジャングルには入らないほうがよい、ということになります。

しかし、昔の人々には、そんなことを言っていられる状況ではありませんでした。獲物を捕るために、食べ物を求めるために、ジャングルに入らなくてはいけなかったのです。昼間はおびえながら、食べ物を探し、夜はジャングルの近くに寝る場所を確保せざるを得ませんでした。もちろん、夜も安心して寝ることはできません。獣に襲われることもあるし、毒蛇が入り込むこともある。虻や蚊は当然、夜通し攻撃する。昔の人の生活習慣とは、切っても切れない森との関係を想像してみましょう。危険極まりのないジャングルですが、離れるわけにもいかないのです。このジャングルの特色をとらえ、ブッダはワナタという言葉を用いて、見事に生命を悩ませている煩悩を表現されたのです。

かつてブッダは、ほとんどの時間を都会で過ごされました。王家の人々、豊かな商人たち、知識に優れたバラモンたちの間で、仏教はいとも簡単に広まっていったのです。ですから、煩悩にジャングルを意味する言葉を使っても、生々しい実感は出てこないので、心理学的な用語を一般用語として使うことになったのです。煩悩にワナタという語を使用する箇所が少ないのは、そのためなのです。

なんとしてでも生きていきたい

危険なジャングルの中でも人間は必死に生き抜いてきました。それは現代でも同じです。なんとしてでも生きていきたいのです。命が危ないならば、大事な足も切断する。胃でも腸でも、肝臓、腎臓でも切り捨てる。財産をつぎ込む。とにかく生きていきたいのです。死にたくはないのです。

これはなんなのでしょうか？　生きることに、尊い何かがあるのでしょうか？　生きていても毎日同じつまらないことをやっているだけです。よく調べもしないで、人々は無責任に「命は尊い」と言っています。その意味をまったくわかっていないのです。生きるとは、絶えず呼吸する、毎日食事をする、排泄をする、寝る、話す、笑う、泣く、などの行為です。住むところや食べ物、薬などが必要ですが、ただでもらえないので、必死で頑張る。「尊い」と言えることは、何一つやっていないのです。自分の命が尊いのであるならば、自分が死ぬことで世界が大変な損をするでしょう。自分一人が死んでも、百人が死んでも、世界中の生命はなんとも思わないのです。なんの損失もないのです。それでも尊いというのでしょうか。一人ひとりの人生は、招かれざる客のようではないでしょうか。招かれざる客であっても、みんなが喜ぶような性格ならいいけれど、みなが迷惑だと思う存在だったら、どうなるでしょうか？　一人ひとりの生き方が、その他大勢の生命に多大な迷惑になることは事実ではないでしょうか。どこが尊いのでしょうか。それでも、生きていきたいというのは、通常の気持ちです。

あきれた無知

生きていきたいという強烈な衝動は、無知から生まれるものです。「何かいいことがある」という推測で生きているのです。推測を立てるためにも、何かの情報が必要なのに、前提として「生きていれば、きっと何かいいことがあるはず」と決め付けているのです。

それでやみくもに生きることに挑戦するのです。

生きることは始めから終わりまで、「苦」一色です。息を吐いたら苦しいので、吸うのです。吸ったら、苦しいので吐くのです。息を吸ったところで幸福になったならば、人は息を吐かなくなるはずです。苦があるからこそ、吸ったり吐いたりするのです。しかし、吸うのも苦であり、吐くのも苦です。苦の連続です。食べたり、起きたり、寝たり、しゃべったりする、すべての行為は、苦の衝動でやっているのです。

苦が消えると、落ち着くのです。それが楽だと、楽しみだと、勘違いするのです。例えば立っていて疲れて、苦を感じた人が座ります。立っていた苦しみが瞬時になくなります。苦がなくなったことが楽なのですが、座る苦しみが、これから増えていくのです。苦がなくなるのは本当に楽ですが、問題は、なくなる苦の代わりに、新たな苦が生じることです。私たちは、生きることは楽だ、楽しいのだ、幸福なのだ、と勘違いして、無限に苦を苦で置き換えることをやっているのです。

智慧の眼で見ると、「それでも生きていきたい」という気持ちは「それでも苦しみたい」という意味になります。どうしても生きていきたいという衝動を、他の仏教用語で表す場合は、「渇愛」になるのです。どうしても生きていきたい、という渇愛がある限り、無限に生き続けることでしょう。同時に無限に苦しんだり悩んだりすることでしょう。しかし、生きているものは誰でも、苦は嫌なのです。嫌といっても、渇愛という鎖で生きることにつながれているから、逃げられないのです。苦しみは瞬間たりとも絶えることなく、生きている生命を襲うのです。

仏道を歩む修行者は、「どうしても生きていきたい」という渇愛の鎖を壊しているのだから、「生きる苦しみ」が修行者に襲いかかることは不可能なのです。

「真理に達した人は、この世もあの世も蛇が脱皮するように捨て去るのです」

XIV

欲を捨て、概念や推測する気持ちも捨てる

（第十七偈）

（悟りを妨げる）五蓋《ごがい》を捨て去り、動揺なく、

あらゆる疑問・疑惑を乗り越え、

煩悩の箭《や》を抜いた修行者は、

蛇が脱皮するように、

この世とかの世とをともに捨て去る。

ヨー　ニーワラネー　パハーヤ　パンチャ
Yo nīvaraṇe pahāya pañca

アニゴー　ティンナカタンカトー　ヴィサッロー
anigho tiṇṇakathaṃkatho visallo,

ソー　ビック　ジャハーティ　オーラパーラン
so bhikkhu jahāti orapāraṃ

ウラゴー　ジンナミワ　タチャン　プラーナン
urago jiṇṇamiva tacaṃ purāṇaṃ.

ニーワラネーのニーワラナ（nivaraṇa）とは、「邪魔をする、隠す、止めさせる、障りになる」という意味です。仏教の話ですので、「悟りに邪魔をする、悟りを隠す、悟りの障りになる」という意味になるのです。パンチャは、「五つ」という意味ですから「悟りには五つの障害がある」となります。パハーヤとは、「なくなった、取り去った」という意味です。

アニゴーのアニーガ（anigha）は「動揺しない、動かない」という意味です。

カタンカトーは、心の優柔不断な、曖昧な状態を示す言葉です。真理を知らない人々が、互いに矛盾する様々な考えについて「あれも良い、これも良い、あれも悪い、これも悪い」と心の中で何も理解できず、迷っている状態です。しかし、悟りに達することで、優柔不断・心の疑は、消えるので、ティンナ「乗り越えた、渡った」と言うのです。

ヴィサッローのサッラ（salla）は「矢、箭、投槍」です。心にはたくさんの煩悩という箭が刺さっています。ですから、生きることはかなり苦しいわけです。ヴィサッローとは、苦しみをつかさどる箭を抜いて、治療をしている状態です。

この偈では、四つの用語を使って、修行者の煩悩を乗り越えて悟りに達した心の状況を詠っているのです。

なぜ人生には障害があるのか

人生にはなぜ多くの困難や障害が存在するのでしょうか。これは、なぜゲームに敵がいるのかと聞くようなものです。敵や障害がなければ、ゲームにはなりません。敵を片っぱしから倒すことで、ゲームは進むのです。生きるということは、その瞬間瞬間に何かの問題を解決することです。お腹が空くことも大変な問題です。何もしなかったら死に至るからです。それは、食べる、ということで解決するが、どうも結果は一時的です。生きることには、絶えず挑戦しなくてはいけないのです。進んでもゲームと同じく、障害や敵の数が増えるだけで、障害が難しくなるだけです。若いときは簡単になんでも食べていたのですが、歳を取って衰えると、食べなくてはいけないが食べられない、流動食しか食べられない、最後には口から何も入らなくなってしまう――。単純に食べるという作業の難しさが徐々に上がっていくのです。

呼吸も同じことでしょう。呼吸器官に障害が起きたら、機械に頼らなくてはいけなくなる。ぜんそくにかかっている人は、どれほど苦しむことでしょうか。生きることで出てくる障害は、避けられません。逆に言うと、障害がなければ生きるということも成り立ちません。「障害がなく、問題がなく、安楽のみがある永遠な命」とは、いい加減な言葉です。無知だからこそ、自慢げに言える言葉です。成り立たないのです。生きること、それは障害を乗り越えることです。永遠な命があるならば、永遠な乗り越え難い障害があるという意味になるだけです。想像するだけでゾーッとする境地です。でも、そんなものはないから、安心できるのです。

解脱も戦い

無知を破って智慧を開発すれば、解脱です。しかし、修行をしてもうまく無知を破ることができません。すると、張りきって無知を破る気も起こらなくなります。そこで悟りを妨げる障害をブッダは五つ（五蓋）に要約されました。前に説明した同じ煩悩を、別のカテゴリーに入れて説かれたのです。①カーマッチャンダ（kāmacchanda）＝愛欲、②ビャーパーダ（vyāpāda）＝瞋恚、③ウッダッチャ・クックッチャ（uddhacca-kukkucca）＝悼挙と後悔、④ティーナミッダ（thīna-middha）＝昏沈睡眠《こんじんすいめん》、⑤ヴィチキッチャー（vicikicchā）＝疑、です。前の偈で説明したものを除いて、説明します。

ウッダッチャ・クックッチャは、悼挙と後悔です。悼挙とは、心が混乱している、落ち着きのない、集中できない状態です。注意欠陥・多動性障害（ＡＤＨＤ）を煩悩の側面から見れば悼挙です。貪瞋痴の「痴」に入ります。後悔は言葉通りに過去にやった悪いこと、過去にできなかった良いことを、思い出してはどこまでも悩み続けることです。落ち込むことです。貪瞋痴の「瞋」です。二つの煩悩を一つのカテゴリーに入れているのです。それは、間違いではありません。この二つの煩悩は心に与える影響が同じですから、一つの障害としてまとめることができるのです。その影響とは、落ち着かないことです。集中できないことです。やる気を引き起こせないことです。

ティーナミッダのとてもシンプルな意味は、「眠気」です。いっぱい仕事を頑張って、気持ちよく適当な時間を休むこととはわけが違います。ティーナとは、前向きにならない、引きさがる気持ち、明るくはない、活発ではないという意味です。ミッダは続けて起こる眠気のことです。眠気が襲う前に、ティーナが表われるのです。貪瞋痴の「痴」に入るのです。心の機能を低下させるのです。心が重くなって、動きが鈍くなるのです。心を発展させたいならば、心に柔軟性と軽さが必要です。しかし、真理を知らないで生きることにしがみついている人々にとっては、生きること自体が苦なので、心はいつでも、「やりたくない、やりたくない、できれば止めたい」とわめいているのです。これが昏沈睡眠です。

疑とは、「捏造して認識している現象の世界」がそのまま真理だと勘違いしているから起こる優柔不断のことです。一切の現象は無常だと、ブッダが力説されているにも関わらず、世界を観察すればするほど無常以外には何も見付からないのにも関わらず、それだけは認めたくないのです。「神の存在を説明するおもしろい、わかりやすい話がありますよ」と言われたら、飛び付いて学ぶのです。その論理は成り立たないとわかったら、もっとましな理屈が欲しいと思うだけです。

このように、人間は認識の捏造機能を発見しない限り、曖昧に優柔不断に、疑という砂漠の中で、さ迷わなくてはならないのです。仏教の瞑想を実践しても、「一神教を語る人々も、それなりの大事な真理を語っているのではないか」といった疑が入ると、真理の発見はできなくなるのです。「自分で発見するまで、なんにも頼らない」という調子なら、疑にはなりません。その人は頑張るのです。疑があると、どちらが正しいかよくわからないという状況なので、何もする気が引き起こらないのです。これは貪瞋痴の「痴」に当たります。

不動の境地

前述した通りアニーガは動揺しないことです。この場合は、ある特定の一つの煩悩ではなくて、煩悩を全体的に考えるのです。例えば欲があるとしましょう。心は動揺します。好きな人がいて、その人が何か自分の気に入らないことをやっている。嫌われると困ると思って、何も言わないことにする。しかし、自分は困っている。「あの性格さえなければいいのに」と心で悩んだり動揺したりする。また、好きな人が誰かとかなり元気に明るく笑いながら、長い時間、話している。やっぱり嫌な気分になるものです。その人にとられたら大変です。

怒りがあっても、同じことです。ちょっとしたことで心が変化して、怒りが飛び出します。怒りが収まるまで、動揺した状態で落ち着かないのです。生きている限り、人間は無数の出来事で心配したり困ったりしているのです。子供の将来がどうなるのか、自分の老後がどうなるのか、健康でいられるのか、会社を首にならないのか、株はこのまま上がらないのかなど、悩みはいくらでもあります。それから、巧妙にしゃべる人にまんまと騙され、振込詐欺の被害に遭う人もいます。

「これを一週間食べれば三キロもやせますよ」などと調子の良い話に乗せられ、三ヶ月分のダイエット食品をいっぺんに買う人もいます。そうすると三ヶ月で三十六キロもやせるはずです。今の体重は四十八キロなら、二十五歳で十二キロの体になるのです。それってあり得ることでしょうか。あっていいことでしょうか。そんなことはどうでもよいのです。でも、体に対して深い愛着があるから、巧妙な話に乗らないわけにはいきません。騙されたと、後で悩むのです。それから、また別のことで他人に騙されるのです。死ぬまでこのパターンです。

煩悩をなくした人は、死に至る病気になろうが、食べ物がなくなろうが、地震が起きようが、雷が落ちようが、冷静でいられるのです。心は不動なのです。動揺しないのです。瞬間瞬間、社会が変わるたびに、変化するたびに、情報に振り回されて心を痛めることはないのです。

白黒をはっきりする

カタンカトーとは、様々な思考・哲学・宗教・概念などについて、心が疑問の渦に巻き込まれることです。これは、肉体が病気になることと比較にならないほど、苦しいことです。あらゆる議論に巻き込まれるし、様々な論点について年月をかけて対話をしても、なんの結論にも至らないし、疲れてくたびれるだけです。一神教を作り出した人々は、ほぼ二千年以上経っているのに、いまだに神は存在するか否かを証明するために悪戦苦闘しているのです。何かいい案が一つ出たら、瞬時にそれを否定するもっと客観的な反論が百くらい現われるのです。どこまで頑張るのでしょうか。

真理を知らないがゆえに心に表われる、このとてつもない苦難の原因——知識がもたらす優柔不断をすべて乗り越えた人のことを、ティンナカタンカトーというのです。カタンカトーを煩悩に当てはめると、無明（アヴィッジャー）のことです。カタンカトーを乗り越えるためには、修行して真理を発見しなくてはいけないのです。要するに、解脱に達することです。解脱に達した人は、真偽を明確に知っているのです。善悪を明確に知っているのです。イエス・ノーははっきりしているのです。何をするべきか、何をしてはいけないのかと、火に触ったら火傷するのだ、といえるほど、明確に、確実に、疑いの余地もなく知っているのです。その能力は知識ではまったくありません。智慧なのです。

傷は完治した

心に刺さっている毒箭を抜いて、特効薬で傷跡を完治している状況をヴィッサロー（visallo）と言うのです。箭（サッラ salla）は煩悩を意味します。煩悩は心に起こるものです。ですから、この譬えを使う場合は、外にいる敵の箭が刺さったと理解してはいけないのです。そのように理解したければ、瞬間も絶えることなく四方八方から毒箭が降りかかっているのだと解説しなくてはいけないのです。その解説も合っているが、完全に手遅れ、何もすることはできない、完膚なきまでにみじめに負ける、というニュアンスになります。解脱を語れなくなります。ですから、絶えず激しい苦しみ苦悩を与える、最後に死に至る毒箭がすでに刺さっているのだというように、ブッダが説明なさるのです。ブッダがこの上のない生命一の偉大なる医者なのです。毒箭を抜いて、特効薬を投与して、完全回復に導くのです。

解脱に達していない人々は、みな毒箭に刺さったままなのです。苦しい苦しいと泣いたりわめいたりしているのは、外ばかり見ているからです。内（心）を観れば、毒箭を観られる、自分で抜くことができる、痛くならないよう抜くために必要な仏法という特効薬もあると、わかるはずです。しかし、見るのは外ばかりです。神様か阿弥陀様が救ってくれると思っているのです。ご先祖様にも期待するのです。お稲荷様にも頼んでみるのです。病気には、適切な治療法は一つしかないのです。「薬を飲んでも、毒を飲んでも、何も飲まなくても、この病気は治りますよ」と言うならば、それは病気ではないでしょうに。言っていることは、矛盾で屁理屈だけです。

箭（サッラ）は煩悩全体ですが、ひとつにあてはめると無明（アヴィッジャー）になるでしょう。

仏道を歩む人は、五蓋を打ち壊すのです。動揺することなく結果が出るまで修行に励むのです。疑いから完全に離れて智者になるのです。生きる苦しみをすべて乗り越えるのです。これが、悟りの境地です。

「真理に達した人は、この世もあの世も蛇が脱皮するように捨て去るのです」

アルボムッレ・スマナサーラ（Alubomulle Sumanasara）
スリランカ上座仏教（テーラワーダ仏教）長老。1945年4月、スリランカ生まれ。13歳で出家得度。国立ケラニア大学で仏教哲学の教鞭をとる。1980年に来日。駒澤大学大学院博士課程を経て、現在は（宗）日本テーラワーダ仏教協会で初期仏教の伝道と瞑想指導に従事。ブッダの根本の教えを説き続けている。『原訳「法句経」一日一話』（佼成出版社）、『般若心経は間違い？』（宝島社）、『ブッダ　大人になる道』（筑摩書房）、『怒らないこと』（サンガ）など著書多数。
日本テーラワーダ仏教協会　http://www.j-theravada.net/
E-mail info@j-theravada.net

原訳「スッタ・ニパータ」蛇の章

2009年6月30日　初版第1刷発行
2024年7月30日　初版第7刷発行

著者　アルボムッレ・スマナサーラ
発行者　中沢純一
発行所　株式会社佼成出版社
〒166-8535　東京都杉並区和田2-7-1
電話　(03) 5385-2317（編集）
(03) 5385-2323（販売）
URL　https://kosei-shuppan.co.jp/

印刷所　株式会社啓文堂
製本所　株式会社若林製本工場

落丁本・乱丁本はお取り替えいたします。

ISBN978-4-333-02381-3　C0015

Kosei shuppan